Emil Maurmann

Grammatik der Mundart von Mülheim a. d. Ruhr

Emil Maurmann

Grammatik der Mundart von Mülheim a. d. Ruhr

ISBN/EAN: 9783744628099

Hergestellt in Europa, USA, Kanada, Australien, Japan

Cover: Foto ©Andreas Hilbeck / pixelio.de

Weitere Bücher finden Sie auf **www.hansebooks.com**

GRAMMATIK

DER

MUNDART VON MÜLHEIM A. D. RUHR

VON

EMIL MAURMANN.

LEIPZIG

DRUCK UND VERLAG VON BREITKOPF & HÄRTEL

1898.

INHALTSVERZEICHNIS.

EINLEITUNG.

§ 1. Die im Folgenden dargestellte Mundart wird in der südöstlichen Ecke des niederfränkischen Sprachgebiets in der Stadt Mülheim a. d. Ruhr und den zu dieser gehörigen Landbürgermeistereien Broich, Styrum und Heissen gesprochen. Im Süden grenzt sie unmittelbar an das Mittelfränkische, im Osten an das Westfälische. Von den niederfränkischen Mundarten der Nachbarstädte im Norden und Westen ist sie wesentlich verschieden; dagegen zeigt sie in manchen lautlichen Erscheinungen Übereinstimmung mit den Mundarten, die sich in südöstlicher Richtung bis nach Elberfeld oder darüber hinaus erstrecken*).

§ 2. Der Konsonantismus der mülh. Mundart steht durchaus auf niederdeutscher Lautstufe. Verschiebung hat nur in wenigen Wörtern stattgefunden, die auch sonst auf niederdeutschem Gebiet verschoben erscheinen (§ 121 Anm.); die meisten hierher gehörigen Fälle sind als Entlehnungen aus dem Hochdeutschen anzusehen. Dagegen zeigt der Vokalismus in manchen Punkten Parallelismus mit dem Hochdeutschen, vgl. z. B. die je nach der Natur der folgenden Konsonanten verschiedene Entwicklung von germ. *aĭ* und *aŭ* (§ 73 ff.).

§ 3. Im Allgemeinen lässt sich sagen, dass jeder Mülheimer plattdeutsch sprechen kann. In neuerer Zeit aber hat die Reinheit der Mundart sehr unter dem Einfluss

---

*) Vgl. WENKER, Sprachatlas der Rheinprovinz nördlich der Mosel sowie des Kreises Siegen (handschriftl. auf der Universitätsbibliothek zu Marburg).

des Hochdeutschen gelitten. Nicht nur sind vielfach neben
lautgesetzlich ererbten Formen nach hd. Muster plattd. Neu-
bildungen entstanden, welche in einzelnen Fällen bereits
über jene den Sieg davon getragen haben, sondern viele
plattd. Wörter sind gradezu durch hd. ersetzt worden. —
Um manches niederländische Wort hat der durch die in
früheren Jahren blühende Ruhrschiffahrt vermittelte rege
Verkehr mit Holland den Sprachschatz bereichert.

§ 4. Der folgenden Darstellung liegt zunächst die Stadt-
mundart zu Grunde. Charakteristisch ist für dieselbe die
Abwerfung des *n* in unbetonten End- und Flexionssilben,
welches auf dem Lande allgemein erhalten bleibt. Sonst
ist die Mundart durchweg einheitlich, wobei jedoch zu be-
rücksichtigen bleibt, dass an den Grenzen die Nachbar-
mundarten in einzelnen Punkten eingewirkt haben mögen.

§ 5. Gedruckte Sprachdenkmäler aus älterer Zeit liegen
nicht vor; einzelne Urkunden enthält das Archiv zu Düssel-
dorf. Von neuerer Litteratur ist zu erwähnen H. K(ÜHNE)
VAM HINGBERG »Ut auler un neier Tied« Leipzig 1872, mit
wertloser lautlicher Einleitung, sowie desselben Verfassers
»Schloss Broich un sin Vöartied« Mülheim 1875. Auch
FIRMENICH, Völkerstimmen I, 413, bringt ein Gedicht in
unserer Mundart zum Abdruck.

LAUTLEHRE.

Teil I.
Phonetische Darstellung der Laute.

I. Allgemeines.

1. Normallage der Sprechwerkzeuge.

§ 6. Beim ruhigen Atmen liegen die Lippen fest auf-
einander, die oberen Schneidezähne vor den unteren und die
Zungenspitze hinter den vorderen Alveolen der Oberzähne.
Beim Sprechen macht sich eine Neigung der Zunge zum
Zurückziehen und Verbreitern bemerkbar. Ihre Artikula-
tion ist träge und langsam, daher z. B. der Ausfall von
d zwischen Vokalen (§ 113) und der von *r* vor Alveolaren (§ 93)
sowie die Dehnung und Diphthongierung vor *nd* (§ 159).
Starke Rundung der Lippen ist nicht gebräuchlich; ebenso-
-wenig findet Vorstülpung derselben statt.

2. Betonung.

§ 7. Die Stammsilbe ist exspiratorisch sehr stark be-
tont im Gegensatz zu den sie umgebenden Neben- und
Endsilben und trägt den musikalischen Hochton, in der
Frage den musikalischen Tiefton. Der exspiratorische Akzent
wird im Folgenden nur in zweifelhaften Fällen bezeichnet,
und zwar der Hauptton durch den Akut (´), der Nebenton
durch den Gravis (`), z. B. *minèxtǫx* verächtlich. Die musi-
kalische Betonung bleibt im Allgemeinen, weil selbstver-
ständlich, desgleichen unbezeichnet, bis auf die Fälle zir-
kumflektierter Betonung (§ 9).

1 *

§ 8. Der ausserordentlich stark auf die Stammsilbe gerichtete exspiratorische Akzent hat in hohem Masse die Formenbildung beeinflusst. Auf ihm beruht die Dehnung der kurzen Vokale in offener Silbe (§ 12S), die Schwächung der Vokale der Nebensilben (§ S4). Synkope und Apokope von unbetontem *e* (§ S4). Bei letzterer nun trat eine interessante Erscheinung ein, welche für die meisten rheinischen Mundarten charakteristisch ist. Vielfach nämlich wurde der durch den Aus- oder Abfall dieses *e* bewirkte Verlust einer Silbe dadurch aufgewogen, dass die Stammsilbe zirkumflektierte Betonung erhielt *).

§ 9. Das Wesen der zirkumflektierten Betonung besteht darin, dass die Stimme »von einem hochgegriffenen, scheinbar stark hervorgehobenen, schnell verlassenen Anfangstone zu einem tief gelegenen Endton entschlossen hinabspringt«. Das Intervall zwischen diesen beiden Tönen entspricht dem Unterschied der Tonhöhen einer betonten Stammsilbe und einer unbetonten Folgesilbe. In stark hervorgehobenen Wörtern beträgt es eine Quart oder Quinte; im Zusammenhang der Rede ist es gewöhnlich geringer. Eine zirkumflektiert betonte Silbe vereinigt exspiratorischen Haupt- und Nebenton in sich; der erste Exspirationsgipfel ist stets stärker betont als der zweite. Der Übergang zwischen den beiden Exspirationsgipfeln ist ein unmittelbarer: Kehlkopfverschluss findet niemals statt. Bezeichnet wird der musikalische Hochton mit (˙), der musikalische Tiefton mit (.).

§ 10. Die zirkumflektierten langen Vokale vereinigen beide Exspirationsgipfel in sich, z. B. *ƶ6:l* Rat. Vor silbenschliessendem *ƶ* stellt sich vielfach ein unbestimmter Gleitlaut ein, dessen Artikulation und Klang durch den voraufgehenden Vokal bedingt wird, und der im Folgenden gleichmässig durch *ƹ* bezeichnet ist, z. B. *vȯ˙ƹ.ƶ* wahr.

---

*) Vgl. zu den folgenden §§ NÖRRENBERG, Beitr. IX, 402 ff. DIEDERICHS, Unsere Selbst- und Schmelzlaute (auch die englischen) in neuem Lichte, oder Dehnung und Brechung als solche und letztere als Verräterin alltäglicher, vorzeitlicher und vorgeschichtlicher Wortwandlungen. Strassburg, 1886. NÖRRENBERG, Anz. f. deutsches Alt. XII, 376 ff.

Nur nach *ā* ist er kaum oder gar nicht wahrnehmbar, weil hier die Lage der Zunge von der beim *ɔ* zu wenig abweicht; daher schreibe ich z. B. *sā:ɔ* selten. Sonst geht vor folgendem *ǝ* die Zirkumflexion verloren, wobei der lange Vokal zur Halblänge verkürzt wird (§ 147). Die gleiche musikalische Betonung übernimmt ja jetzt das zweisilbige Wort (§ 9), z. B. *ɔ́:t* Rat, aber *ɔ̂ǝ* raten.

§ 11. Bei den Diphthongen — ausser *ï·ɕ.*, *ü·ɕ.*, *ý·ɕ.* — fällt der zweite Exspirationsgipfel dem zweiten Komponenten zu, der dabei stets kurz erscheint, z. B. *fɔɔ·u.* Frau. Vor folgendem *ǝ* geht die Zirkumflexion verloren; der zweite Komponent erscheint alsdann überkurz, z. B. *kɔɛ·i.* Krähe, *kɔ(iǝ* krähen. Bei *ï·ɕ.*, *ü·ɕ.*, *ý·ɕ.*, deren erster Komponent bei nicht zirkumflektierter Betonung lang ist — *īɕ, ūɕ, ȳɕ —*, findet die Tonsenkung beim Übergang zum zweiten Komponenten statt; der erste Komponent erscheint halblang, z. B. *klï·ɕ.* Klee. Vor *ɔ* wird *ɕ* zu *ǝ*, z. B. *šï·ɕ.ɔ* Schere. Ein folgendes *ǝ* hebt die Zirkumflexion nicht auf, sondern geht in dem *ɕ* auf, z. B. *dü·ɕ.t* tot, *dü·ɕ.* Tote.

§ 12. Bei den kurzen Vokalen + Liquida oder Nasalis fällt der zweite Exspirationsgipfel der letzteren zu, die in diesem Falle stets überkurz erscheint, z. B. *su·n.* Sonne.

§ 13. Diese zirkumflektierte Betonung ist an die Bedingung der Synkope oder Apokope eines unbetonten *e* geknüpft. Bei der Synkope ist jedoch zu beachten, dass die Silbe kein *ɔ, l, m, n, ŋ* enthalten durfte, da hier *e* nicht wegfiel, sondern *ɔɔ, ǝl* u. s. w. erscheint. Zirkumflexion tritt ein: 1) bei kurzem Vokal, wenn auf denselben Liquida oder Nasalis + stimmhaftem Konsonant oder geminierte Liquida oder Nasalis folgte, z. B. *be·ɔ.x* Berge, *he·l.s* Hälse, *la·ŋ.* lange, *he·l.* Hölle, *ka·ɔ.* Karre, *šti·m.* Stimme, *tu·n.* Tonne. 2) bei langen Vokalen — ursprünglich langen und in offener Silbe gedehnten — und Diphthongen, wenn auf dieselben ein stimmhafter Konsonant folgte, oder wenn sich das *e* unmittelbar anschloss, z. B. *dü·f* Taube, *sé:x* Säge, *ŏ·u.x* Auge, *ɔɔā:t* gerade, *klɔ·u.* Klaue, *kɔɛ·i.* Krähe.

§ 14. Zirkumflektierte Betonung tritt ferner ein, wenn ein *d* zwischen Vokalen, auf welches *el, eə, em, en, eŋ* folgte, ausfiel, wodurch die beiden Silben zu einer verschmolzen, z. B. *kī:l* Kittel, *fē·ə.ə* Feder, *lē·ə.ə* Leder, *fū:m* Faden, *śǭū:m* Schwaden, *bō:m* Boden, *rū:zdax* (mndd. *gudensdach*) Mittwoch. — Das auslautende *en* in Flexionsformen hat sich, wie das ihm in der Stadtmundart entsprechende *ə*, als Silbe erhalten.

§ 15. Spontan tritt zirkumflektierte Betonung ein bei allen von Alters her weiten Vokalen, und zwar den Vertretern von wgerm. *ā* (> mülh. *ó:, ȯ:, ê:*), *ō* (> mülh. *ū:, ȳ:*) und *ē* (> mülh. *ī:*), sowie bei den monophthongierten Vertretern von *aü* (> mhd. *ó, a̍, mülh. ü·q., ȳ·q.*), *aï* (> mhd. *ê, mülh. ï·q.*) und *ëö* (> mhd. *ie, mülh. ī:*), z. B. *śló:p* Schlaf, *śló:pə⸱* Schläfer, *fē:lə* fehlen, *hū:t* Hut, *sȳ:kə* suchen, *kī:n* Kien, *dū·q.t* tot, *t⸱ȳ·q.stə* trösten, *śnī·q.* Schnee, *lī:t* Lied.

Anm. 1. Bisweilen sind diese Verhältnisse durch Analogiewirkungen zerstört. So haben sich alle einsilbigen Infinitive nach *śïn* sein gerichtet und erscheinen deshalb nicht zirkumflektiert: *dūn* thun, *śtón* stehen, *ślón* schlagen, *śïn* sehen u. s. w.; *blū:m* Blume ist lautgesetzlich, aber nach dem Muster von *tā:l* Zahl: Pl. *tālə*, *sé:r* Säge: Pl. *séγə* u. ähnl., in denen im Singular die zirkumflektierte Betonung durch den Abfall des auslautenden *e* bedingt war, bildete man den Plural *blümə* und dergl. mehr.

Anm. 2. Alles bisher über zirkumflektierte Betonung Gesagte gilt im Grossen und Ganzen auch für die Aussprache des Nhd. in unserer Gegend.

3. Dauer.

§ 16. Einen Unterschied zwischen langen und überlangen Vokalen, wie ihn Sievers Phonetik [3] § 28 für die nhd. Bühnensprache feststellt, kennt unsere Mundart nicht; unsere langen Vokale werden, gleichviel ob in geschlossener oder offener Silbe stehend, gleichmässig gedehnt gesprochen. Wir unterscheiden bei den Vokalen vier Dauergrade: Überkürze, Kürze, Halblänge, Länge. Erstere wird durch untergesetztes ˛ (*a̧*), die zweite gar nicht (*i, ï*), die dritte durch übergesetzten Punkt (*á, ė, ï, ï*), die letzte bei den weiten Vokalen durch

übergesetzten Strich (ĕ), bei den engen durch übergesetztes
' (é) bezeichnet.

§ 17. Bei den Konsonanten haben wir nur zwischen
Überkürze und Kürze zu unterscheiden. Erstere bleibt un-
bezeichnet, letztere wird durch untergesetztes ‿ (n̥) bezeichnet.
Kurz sind nach betontem kurzen Vokal die Liquiden und
Nasale im Auslaut und als erste Glieder von Konsonanten-
verbindungen, z. B. *kal̥* Rede, *min̥š* Mensch; da dies jedoch
nur in stark betonten Wörtern der Fall ist, so wird im Folgenden
diese Kürze nicht bezeichnet. Alle anderen Konsonanten sind
überkurz. Gelegentlich entstehen kurze Konsonanten, wenn
in der Komposition der Auslaut des ersten Wortes mit dem
Anlaut des zweiten vollständig gleich ist, z. B. *pák̥äm̥ər̥*
Packkammer. Im Zusammenhang der Rede werden dieselben
jedoch meist überkurz gesprochen.

4. Ein- und Absatz.

§ 18. Wie die nhd. Bühnensprache verwendet unsere
Mundart vor vokalisch anlautenden Wörtern den Kehlkopf-
verschlusslaut, soweit dieselben nicht mit einem Hauche (h)
eingesetzt werden. Im Zusammenhang der Rede jedoch geht
derselbe, wenn nicht eine Pause vorhergeht, regelmässig
verloren.

§ 19. Alle Konsonanten werden mit offener Stimmritze
eingesetzt. Vor betontem Vokal werden die stimmlosen Ver-
schlusslaute ausser in den Verbindungen *šp*, *št* mit schwach
gehauchtem Absatz gesprochen. Ebenso werden sie im Aus-
laut mit einem schwachen Hauch abgesetzt. Dieser Hauch
wird, da er je nach der Stärke des exspiratorischen Akzents
verschieden stark abgestuft ist (BREMER, Phonetik § 79), im
Folgenden unbezeichnet gelassen.

Der gehauchte Einsatz der Vokale wird mit *h* be-
zeichnet, der Kehlkopfverschlusslaut, weil selbstverständlich,
unbezeichnet gelassen, z. B. *ek* Ecke, *hek* Hecke.

5. Fortis und Lenis.

§ 20. Alle Konsonanten können je nach der Stärke der
Exspiration einerseits und der festeren oder loseren Art des

Verschlusses und der Reibung andererseits fortis oder lenis
sein. Indem ich im Übrigen auf BREMER, Phonetik § 80 ff.
verweise, bemerke ich, dass ich im Folgenden diese Unter-
schiede nicht besonders bezeichne, dass aber jeder Konsonant
nach betontem kurzen Vokal fortis, nach langem Vokal oder
Diphthong lenis gesprochen wird.

6. Silbentrennung.

§ 21. 1. Eine Lenis zwischen zwei Vokalen gehört zur
folgenden Silbe; bei einer Fortis fällt die Silbengrenze in
diese. 2. Von zwei Konsonanten zwischen Vokalen gehört
der erste zur ersten, der zweite zur zweiten Silbe. Doch
werden die Verbindungen Verschlusslaut oder Reibelaut +
Liquida oder Nasal nach langen Vokalen oder Diphthongen
auch zur zweiten Silbe gezogen. 3. Von drei oder mehr
Konsonanten werden die letzten, sofern sie gebräuchliche
anlautfähige Verbindungen bilden, zur folgenden Silbe ge-
zogen.

II. Die Vokale.

§ 22. Die in der mülh. Mundart vorkommenden Vokale
lassen sich in Bezug auf ihre Artikulation folgendermassen
darstellen:

	hintere Rachen-wand.	hinterer vorderer weicher Gaumen.		hinterer mittlerer harter Gaumen.	
vollständige Lippen-öffnung	*a*			(ê) *e ĕ*	*i ĭ*
mittlere Lippen-öffnung		(ɔ) *o ŏ*	*u ŭ*	(ɔ̄) *ɵ ŏ̄*	*y ў*
	Zungen-wurzel	Hinterzunge			

§ 23. In vorstehender Tabelle bezeichnet der erstere
Buchstabe die weite, der letztere die enge Artikulation. Die
in Klammern stehenden *ê, ɔ* und *ɔ̄* sind überweit und

kommen nur in den Diphthongen ϵi, $\jmath u$ und $\jmath y$ vor. Sonst kommen sämtliche Vokale sowohl kurz als lang und ausser c, o, o auch halblang vor, überkurz nur u, i, $\check{\imath}$, u, $\check{u}$, y, $\check{y}$.

§ 24. Bei der Bildung des a wird die Zungenwurzel gegen die hintere Rachenwand zurückgezogen, während die Lippen eine ovale Öffnung bilden.

§ 25. Bei den Weichgaumenvokalen sind die Lippen nicht vorgeschoben, sondern liegen aufeinander und bilden in der Mitte eine kleine Öffnung, die bei $\check{u}$ am kleinsten ist, bei u, $\breve{o}$, o, $\jmath$ wegen der zunehmenden Entfernung der Kiefer von einander aber sich langsam vergrössert. Der Lippenstellung eines Weichgaumenvokals entspricht genau diejenige des zugehörigen Hartgaumenvokals mittlerer Lippenöffnung.

§ 26. Bei den anderen Hartgaumenvokalen sind die Lippen nicht zurückgezogen, sondern bilden eine schmale Längsöffnung, die bei $\check{\imath}$ am schmalsten ist, bei i, $\check{e}$, e, ϵ wegen der zunehmenden Entfernung der Kiefer von einander aber sich langsam verbreitert.

§ 27. Sämtliche vollständig geöffneten Hartgaumenvokale werden im Gegensatz zu denen mittlerer Öffnung so gesprochen, dass bei ihnen die ganze Hinterzunge, nicht, wie dort, nur deren mittlerer Teil gegen den harten Gaumen emporgehoben wird.

§ 28. i, u, y, sowie $\bar{\imath}$, $\bar{u}$, $\bar{y}$ werden sehr weit gebildet und stehen dem $\check{e}$, $\breve{o}$, $\ddot{o}$, und $\acute{e}$, $\acute{o}$, $\acute{e}$ akustisch viel näher als dem $\check{\imath}$, $\check{u}$, $\check{y}$, bez. i, u, y.

§ 29. Mit $\jmath$ bezeichne ich den akustisch sehr schwach klingenden Laut, der bei Indifferenzlage der Zunge gebildet wird. Derselbe ist immer überkurz. Im Inlaut wird die Zungenartikulation desselben bisweilen durch die benachbarten Laute bedingt (§ 10).

III. Die Diphthonge.

§ 30. Unsere Mundart besitzt folgende Diphthonge:

1) Diphthonge, bestehend aus 2 Kürzen: ϵi, $\mathfrak{o}u$, $\mathfrak{o}y$, $\hat{r}i$, $\breve{o}u$, $\breve{e}y$, $\breve{i}i$, $u\breve{u}$, $y\breve{y}$.

2) Diphthonge, bestehend aus Länge und Überkürze: $\bar{i}\varrho$, $\bar{u}\varrho$, $\bar{y}\varrho$.

3) Zirkumflektierte Diphthonge, bestehend aus Halblänge und Überkürze: $\breve{i}\cdot\varrho$., $\breve{u}\cdot\varrho$., $\breve{y}\cdot\varrho$., $\breve{i}\cdot\vartheta$., $\breve{u}\cdot\vartheta$., $\breve{y}\cdot\vartheta$.; $\breve{i}\cdot\vartheta$., $\breve{u}\cdot\vartheta$., $\breve{y}\cdot\vartheta$., $\breve{e}\cdot\vartheta$., $\breve{o}\cdot\vartheta$., $\breve{o}\cdot\vartheta$..

In den unter 1) genannten Diphthongen erscheint vor folgendem Vokal die zweite Kürze als Überkürze, also ϵi u. s. w. (§ 148). Die zirkumflektierten Diphthonge, deren erster Komponent enge Halblänge und deren zweiter Komponent ϱ ist, sind Vertreter eines langen Vokals vor silbenschliessendem ϑ (§ 10).

§ 31. Die unter 1) genannten Diphthonge werden wie die nicht zirkumflektiert betonten langen Vokale im absoluten Auslaut lang gedehnt gesprochen. Diese Dehnung ist im Folgenden unberücksichtigt gelassen.

IV. Die Konsonanten.

§ 32. Das Konsonantensystem unserer Mundart ist folgendes:

	Zäpf-chen	vorder. weicher Gaumen	mittler. harter Gaumen	Alveolen	Ober-zähne	Ober-lippe
Verschlusslaute		k g		t d		p b
Reibelaute		x γ	- $\hat{\jmath}$	s $\dot{\imath}$: $= \pm$	f υ	φ -
Nasenlaute mit vorderem Verschluss		- η		- n		- m
Laterale Reibelaute m. vorderem Verschluss				- l		
Zitterlaute	- $\flat$					
	Hinterzunge		Vorder-zunge		Unterlippe	

Der erstgenannte Buchstabe bezeichnet den stimmlosen, der zweite den stimmhaften Laut.

Ausserdem kennt unsere Mundart den Kehlkopfverschlusslaut und den Hauchlaut (§ 18 f.).

§ 33. Das ʒ wird durch Schwingen des Zäpfchens in einer hinter der Hinterzunge gebildeten Rinne hervorgebracht. Vielfach aber wird die Zunge soweit zurückgezogen, dass die Rinne vollständig verflacht wird. Das ʒ bekommt dann einen kratzenden Charakter.

§ 34. *k*, *g*, *x*, *γ*, *ŋ* werden am vordersten Teile des weichen Gaumens gebildet. Nach Hartgaumenvokalen wird die Enge bez. der Verschluss etwas nach vorn verschoben. bis zur Grenze zwischen weichem und hartem Gaumen oder bis zum hintersten Teile des letzteren. Der akustische Eindruck ist in beiden Fällen derselbe.

§ 35. *j* wird mouilliert gebildet. Das Reibungsgeräusch ist besonders kräftig. Die Lippen bilden eine rundliche Öffnung. Bisweilen wird die Vorderzunge so sehr den Alveolen genähert, dass ein *ż* entsteht.

§ 36. *t*, *d*, *s*, *z*, *n*, *l* werden an den vorderen, *ś*, *ż* an den mittleren Alveolen gebildet. Bei *s*, *z* bilden die Lippen eine Längsöffnung; bei *ś*, *ż* liegen sie aufeinander und lassen nur in der Mitte eine ovale Öffnung frei. Bei *ś*, *ż* wird an dem hinteren harten Gaumen eine reduzierte Reibeenge gebildet; der Luftstrom entweicht in der Richtung auf den rechten Eckzahn und den neben liegenden Schneidezahn. Ebenso wird beim *l* an dem hinteren harten Gaumen eine Enge gebildet; der Luftstrom entweicht nur an der rechten Seite.

§ 37. *φ* kommt nur in den Verbindungen *kφ*, *tφ*, *śφ* vor, z. B. *kφetśʒ*, Zwetsche, *tφas* quer, *śφat* schwarz.

—————

Teil II.

Geschichtliche Darstellung der Laute.

I. Geschichte der einzelnen Laute.

A. Die Vokale der Stammsilben.

1. Kurze Vokale.

Wgerm. a.

§ 38. *a* in geschlossener Silbe > *a*, z. B. *fan* (andd. *fan*) von, *sal* (andd. *sal*) soll, *tɔap₂* (mndd. *trappe*) Treppe, *snak₂* f. Peitsche, *stɔaks* (mndd. *strackes*) nächstens, *kal₂* (mndd. *kallen*) reden, *kal* m. Rede, *laŋₐs* (mndd. *langes*) längs, vorbei, *jaŋk₂* (mndd. *janken*) weinen, *jalp₂* (ags. *gealpian*) heulen, *sɔaŋk₂l₂* (mndd. *schrankeln*) beim Gehen die Füsse über die Erde ziehen, *sak₂* (mndd. *sacken*) sinken, *snap₂* (mndd. *snappen*) greifen, fangen, *slab₂ɔₐ* (ne. *to slabber*) vergiessen, verschütten, *tak₂* m. (mndd. *tacke*) Zweig, *vakɔₐx* (mndd. *wacker*) wach, *axt₂ɔ* (andd. *aftar*) hinter, *vaxt₂* (mndd. *wachten*) warten, *smax* m. (md. *smacht*) Hunger, *fas* (andd. *fasto*) fest.

Anm. *a* ist zu *o* verdumpft in *ox* ach.

§ 39. *a* in offener Silbe > *ā*, z. B. *xāp₂* gähnen (§ 129); *a* vor *nd, nt, mb, mp, ld, lt* > *ɔu*, z. B. *smɔunt* Milchrahm (§ 160); *a* + *r* vor Alveolar > *ā*, z. B. *xād₂* Garten (§ 138); *a* + *x* vor *s* > *ā*, z. B. *vāsₐ* wachsen (§ 144); *aha* > *ó:*, z. B. *stó:l* Stahl (§ 60).

e, d. i. *ĭ*-Umlaut von wgerm. *a*.

§ 40. *e* in geschlossener Silbe > *e*, z. B. *he·l.* (andd. *hellia*) Hölle, *mets* (andd. *mezas*) Messer, *hɛmd₂* Hemd, *hev₂* (andd. *hebbian*) haben, *seyə* (andd. *seggian*) sagen, *lcyə* (andd. *leggian*) legen, *telə* (andd. *tellian*) zählen, *šepə* (andd. *skeppian*) schöpfen, *šep* n. Schöpfgefäss, *šelə* (mndd. *schellen*) schälen, *klemə* (andd. *klemmian*) 1. klemmen, 2. stehlen. *zəcénə* (ahd. *giwennan*) gewöhnen, *zəténdə* f. Gewohnheit, *mem* f. Frauenbrust, *vepə* (nndl. *reppen*) regen, rühren, *klepə* (mndd. *kleppen*) die Glocke mit dem Klöppel anschlagen, *pens* m. (nndl. *pens*) Wanst, *fevkə* n. (mndd. *verken*) Schwein, *hevkə* f. (nndl. *hark*) Rechen, *minèxtəx* verächtlich, *tvextvv* (mndd. *trechter*) Trichter, *vestə* (andd. *restian*) ausruhen, *lestə* letzte, *flešə* (mhd. *vlesche*) Flasche.

§ 41. *e* in offener Silbe > *é*, z. B. *lépəl* Löffel (§ 130); *e* vor *nd*, *nt*, *mb*, *mp* > *·ei*, z. B. *kɛimə* kämmen (§ 161); *e* + *r* vor Alveolar > *ē*, z. B. *pēt* Pferd (§ 139); *e* vor *n*, *ŋ* + Kons. > *i*, z. B. *minš* Mensch (§ 174).

Wgerm. *ĕ*.

§ 42. *ĕ* in geschlossener Silbe > *e*, z. B. *bevx* Berg, *fel* Fell, *hel* hell, *helpə* helfen, *števtə* sterben, *melm* m. (andd. *mëlm*) Staub, *špek* (ags. *spic*, ahd. *spëk*) Speck, *lekə* (andd. *likkón*, ahd. *lëkkón*) lecken, *vex* recht, *flextə* flechten, *net* (frz. *net*) schön.

Anm. *ĕ* ist zu *i* geworden in *zilə* (andd. *gëldan*) gelten.

§ 43. *ĕ* in offener Silbe > *é*, z. B. *lézə* lesen (§ 131); *ĕ* vor *ld*, *lt* > *ei*, z. B. *zeilt* Geld (§ 163); *ĕ* + *r* vor Alveolar > *ē*, z. B. *vēdə* werden (§ 139), oder > *a*, z. B. *hatə* Herz (§ 171); *ĕ* + *x* vor *s* > *ē*, z. B. *sēs* sechs (§ 144); *ëhë* > *ï·q.*, z. B. *fï·q.* Vieh (§ 74 Anm. 1, a); *ëhŭ* > *ī:*, z. B. *tī:n* zehn (§ 82).

Wgerm. *ĭ*.

§ 44. *ĭ* in geschlossener Silbe > *i*, z. B. *ik* ich, *zit* (andd. *git*) ihr, *iŋk* (andd. *ink*) euch, *vilə* (mndd. *willen*) wollen, *liyə* (andd. *liggian*) liegen, *sitə* (andd. *sittian*) sitzen, *midə* (andd. *middia*) Mitte, *bidə* (andd. *biddian*) bitten, *šmitə* f. (ags. *smiþþe*) Schmiede, *šlipə* f. (mndd. *slippe*) Schoss, *kviŋk* m. (mndd. *krink*) Kreis, *mikə* m. (mndd. *micke*) Art Weissbrot, *hikə* auf einem Beine hüpfen, *bvitsəl* (ahd. *brizzila*) Bretzel, *štiks* (ahd. *stërchal*) steil, *bɔil* m. 1. Brille, 2. Sitzbrett eines Abtritts, *mis* m. mhd. *mist*) Mist, *mistə* f. (mndd. *miste*) Düngergrube, *mis* (nndl. *mis*) Messe, *nis* andd. ˉ*nisl*) Nest.

Anm. ĭ > *e* in *iqemə* (andd. *swimman*, mndd. mndl. *swemmen*) schwimmen vgl. FRANCK, Mndl. Gr. § 71), *sen.* f. Dachrinne.

§ 45. Eine Reihe von Wörtern weisen enges *i* auf, z. B. *tipə* (ne. *to tip*) anrühren, *dik* dick, *vit* (mndd. *wit*) weiss, *vitə* tünchen, *vlpkəs* Possen, *vipsə* Wespe, *stipəl* m. Stütze, *knibələ* kleine Stückchen abbrechen, *snibələ* schnitzeln, schneiden (z. B. Bohnen), *xibələ* lachen, *kitələ* kitzeln, *hipə* f. Ziege, *stip* m. Punkt, *kistə* Kiste, *kisfåt* n. Sarg, *kits* f. 1. Samengehäuse der Äpfel, 2. Polizeigewahrsam, *niks* nichts, *xistərə* ˉmndl. *ghisteren*) gestern.

§ 46. ĭ in offener Silbe > ĭ, z. B. *niyə* neun (§ 132); ĭ vor *nd, nt, mb, mp, ld, lt* > ĭĭ, z. B. *biinə* binden (§ 164); ĭ vor *m* > *y*, z. B. *ym* ihm (§ 175).

Wgerm. ŏ.

§ 47. ŏ in geschlossener Silbe > *o*, z. B. *stok* Stock, *rok* Rock, *korf* Korb, *sorγə* sorgen, *brokə* Brocken, *morγə* morgen, *klokə* f. (mndd. *klocke*) 1. Glocke, 2. Uhr, *snorkə* (nndl. *snorken*) schnarchen, *of* ˉmndd. *of*) oder, *sokəl* Schaukel, *doxtər* Tochter, *stof* (mndl. *stof*) Staub.

§ 48. ŏ vor *l, p, t, s* > ŏ, z. B. *dŏl* toll, *bŏlə* rollen, *rŏ·l* Rolle, *fŏlk* Volk, *vŏlkə* Wolke, *fŭl* (mhd. *vol*, mndd. *vul*) voll, *vŭlf* (mhd. *wolf*, mndd. *wulf*) Wolf, *vŏ·l* (mhd. *wolle*, mndd. *wulle*) Wolle, *klŏpə* klopfen, *dŏpə* m. (mndd. *doppe*) Kreisel, *sŏpə* Schoppen, *mŏpə* Moppen, *stŏpə* stopfen, stecken, *kŏp* Kopf, *pŏt* m. (mndd. *pot*) Topf, *lŏt* (ags. *hlot*) Lotterielos, *pŏs* Post, *kŏs* Kost, *kŏstə* kosten, *lŏs* (nndl. *los*) los, sowie in *xrŏsə* Groschen.

Anm. Da nach § 55 vor *l* auch *ü* zu ŏ werden kann, so lässt sich in zweifelhaften Fällen nicht entscheiden, ob ŏ auf ŏ oder *ü* zurückgeht.

§ 49. ŏ in offener Silbe > *ó*, z. B. *pótə* pflanzen (§ 133); ŏ vor *ld, lt* > *ŏu*, z. B. *hŏult* Holz (§ 165); ŏ + *r* vor Alveolar > ō, z. B. *pōtə* n. Thor (§ 140); ŏ + *x* vor *s* > *ó*, z. B. *ósə* Ochse (§ 144).

e̊, d. i. *ĭ*-Umlaut von wgerm. *ŏ*.

§ 50. *ŏ* in geschlossener Silbe > *o*, z. B. *oʒγⱥl* Orgel, *sekⱥ* Socken, *štəkⱥʒ* Stöcke, *klekskⱥ* kleine Uhr, *keʒf* Körbe, *kʒeʒⱥ* (mndd. *krochen*) husten, *kʒex* m. Husten. — *deʒp* Dorf.

§ 51. *ŏ* vor *l, p, t* > *e̊*, z. B. *se̊lⱥ* sollen, *ve̊lⱥ* von Wolle, *ʒe̊·l.ⱥʒ* Röllchen, *ke̊pkⱥ* n. Tasse, *pe̊tśⱥ* Töpfchen, *kʒe̊pʒʒ* m. Kropftaube.

§ 52. *ŏ* in offener Silbe > *o̊*, z. B. *ʒe̊tⱥ* Gosse (§ 134); *e* vor *ld, lt* > *o̊y*, z. B. *ho̊yltⱥ* hölzern (§ 166); *e* + *r* vor Alveolar > *e̊*, z. B. *he̊nʒʒ* Hörner (§ 141).

Wgerm. *ŭ*.

§ 53. *ŭ* in geschlossener Silbe > *u*, z. B. *mut* m. (mndd. *mudde*) Schlamm, Morast, *but* (mndd. *but*) grob, *fut* f. Arsch (vgl. DW. 4, I, 363 s. v. *fud*; Morph. Unt. IV, 100), *buk* (ags. *bucca*) Bock, *bluk* Block, *mutⱥ* (mndd. *mutte*) Motte, *kupⱥʒ* Kupfer, *štutⱥʒⱥ* (ne. *to stutter*) stottern, *su·n*. Sonne, *tu·n*. Tonne, *nu·n*. Nonne, *tu·ŋ*. Zunge, *tʒu·m*. Trommel, *fʒum* fromm.

Anm. Jedes hochd. *o* vor Nasal wird mundartlich zu *u*, z. B. *Bu·n*. Bonn, *baʒú·n*. Baron, da es im Hd. unserer Gegend *baʒó·n*. heisst, *kanú·n*. Kanone.

§ 54. *ŭ* in geschlossener Silbe > *ŭ*, z. B. *pŭ·l*. Flasche, *fŭlⱥk* Schimpfname, *dŭbⱥlt* doppelt, *hŭbⱥl* Hobel, *mŭts* f. kurze irdene Pfeife, *ʒŭbⱥlⱥx* uneben, rauh, *štŭp* stumpf, *šnŭpⱥ* schnupfen.

§ 55. In einigen Wörtern geht *ŭ* vor *l, p, t* in *ŏ* über (vgl. § 48), z. B. *pŏlʒʒ* Pulver, *ŏp* (andd. *up*) auf, *pŏpⱥ* Puppe, *tʒŏp* Trupp, *kapŏt* entzwei, zer-.

§ 56. *ŭ* in offener Silbe > *ū*, z. B. *fūyⱥl* Vogel (§ 135); *u* vor *nd, nt, mb, mp, ld, lt* > *uŭ*, z. B. *huŭnt* Hund (§ 167); *u* vor *r*-Verbindungen > *o*, z. B. *poʒⱥ* stochern (§ 172); *u* + *r* vor Alveolar > *ō*, z. B. *dōs* Durst (§ 142).

y̆, d. i. *ĭ*-Umlaut von wgerm. *ŭ*.

§ 57. *y̆* in geschlossener Silbe > *y*, z. B. *šypⱥ* f. (mndd. *schuppe*) Spaten, *dypⱥ* n. (mndd. *duppe*) Topf, *flyk* (mhd. *vlücke*) schnell, *šydⱥ* (mndd. *schudden*) schütten, schütteln, *šyt* n. (mndd. *schutte*) Vorrichtung zum Stauen des Wassers,

plykₔ (mndd. *plucken*) pflücken, *dyk̯ₔs* (mndd. *ducke*) oft,
kynₔ können, *ɤynₔ* gönnen, *pyŋₔl* m. (mndd. *punge*) Bündel,
klyŋₔl m. Lumpen, *dyŋkₔ* dünken, *sys* (andd. *sus*) sonst,
y̆msy̆s umsonst, *my̆sₔ* f. (andd. *muska*) Sperling, *tykₔ* (mndd.
tuschen) zwischen, *systₔɤ* (mndd. *suster*) Schwester. — *y̆* erscheint u. a. in *sty̆bₔ* abschneiden, *sny̆pₔɤ* naschhafter Mensch.

§ 58. In einigen Wörtern geht *y̆* vor *l*, *p*, *t* in *ŏ̈* über
(vgl. § 51), z. B. *mŏ̈l* m. (mndl. *mul*) Kehricht, *kŏ̈lₔɤ* (mndl.
krullig) lockig, *hŏ̈lp* (mndd. *hulpe*) Hülfe, *pŏ̈·l.f* m. (mhd.
pfülwe) Pfühl, *Mŏ̈·l.m* Mülheim, *knŏ̈p* m. (mndd. *knup*)
Knoten, *klŏ̈pₔl* m. (mndd. *kluppel*) Knittel, *pŏ̈t* m. (mndd.
put) Brunnen, *hŏ̈tₔ* f. Hütte, Ecke, *dₔŏ̈ʃĩn* (mndd. *drutlein*)
dreizehn.

§ 59. *y̆* in offener Silbe > *y̆*, z. B. *mₔyₔ* mögen (§ 136);
y vor *nd*, *nt*, *mb*, *mp*, *ld*, *lt* > *yy̆*, z. B. *ɤyy̆nₔɤₔ* wundern
(§ 168); *y* vor *r*-Verbindungen > *ø*, z. B. *dₔɤɤₔ* dürfen (§ 173);
y + *r* vor Alveolar > *ø̄*, z. B. *tø̄:n* Türme (§ 143).

2. Lange Vokale.

Wgerm. *ā̆*.

§ 60. *ā̆* > *ó:*, z. B. *dₔó:t* Draht, *kₔó:m* Kram, *blō:zₔ*
blasen, *fₔó:ɤₔ* fragen, *ló:tₔ* lassen, *mó:lₔ* malen, *mó:n* (andd.
māno) Mond, *mó:tₔ* f. (mndd. *māte*) Mass, *nó:* nah, *nó:bₔɤ*
(andd. *nābûr*) Nachbar, *nó:t* Naht, *ó:m* Atem, *ó:mₔnt* Abend,
pó:l Pfahl, *pó:s* m. (Woeste *pâs*, *pâst*) kleines Kind, *pₔó:lₔ*
prahlen, *só:t* Saat, *stₔó:tₔ* Strasse, *só:p* Schaf, *slō:p* Schlaf,
ɤó:ɤₔ wagen, *kₔó:m* m. (an. *skrāma*) Strich, Riss, *tₔó:n* (nndl.
traan) Tran, *dó:* da, *blō·ₔ.ₔ* (ags. *blǣdre*) Blatter, *hō·ₔ.ₔ*
Haar, *klō·ₔ.ₔ* klar, fertig, bereit, *sφō·ₔ.ₔ* (andd. *swār*) schwer,
ɤō·ₔ.ₔ wahr. Ebenso entwickelte sich das durch Kontraktion
aus *aha* entstandene *ā̆*, z. B. *stō:l* (ahd. *stahal*, *stâl*) Stahl,
tₔónₔ (ahd. *trahan*, *trân*) Tränen (§ 15 Anm. 1.).

Anm. 1. Nicht zirkumflektiert erscheint *ó* in *ɤón* (ahd. *gân*) gehen,
stón (ahd. *stân*) stehen, *slón* (mndd. *slân*) schlagen, *zₔdón* (ahd. *gitân*)
gethan (§ 15 Anm. 1.).

Anm. 2. Auch das *ā̆* in Fremdwörtern ist zu *ó* geworden, z. B.
plō:ɤₔ plagen, *stₔó:f* Strafe, *saldó:t* Soldat, *slō:t* Salat. In folgenden
Wörtern ist das ursprünglich kurze *a* frühzeitig gedehnt und dann wie

eine alte Länge behandelt worden: *pṓ:ȩ̄* (mlat. *pascha*) Ostern, *plṓ:stȩ̀* (ahd. *phlastar*) Pflaster, *sṓ:tȩ̄dax* (ne. *Saturday*) Samstag.

Anm. 3. In den Lehnwörtern neuerer Zeit ist *ā* erhalten, weil zur Zeit der Entlehnung das Lautgesetz *ā > ọ̄*: schon ausgewirkt hatte, z. B. *prā:t* fertig, *štā:t* m. Aufwand, Pracht, *štā:ts* prächtig, *sā:s* selten, *tā:fȩl* Tafel; *šāts* (nndl. *schaats*) Schlittschuh. Auch *xrā:f* Graf ist hd. Lehnwort.

ọ̄: wird vor zwischen Vokalen geschwundenem *d* zu *ĩ*, z. B. *rọ̄* raten (§ 147).

§ 61. *āṷ̆ > ọu*, z. B. *xọu* (mndl. *gauw*) schnell, *rọu* (ahd. *rāwa*) 1. Ruhe, 2. Leichenschmaus, *klọ·u* (ahd. *klāwa*) Klaue, *lọu* (ahd. *lāo*) lau, *pọ́uhȃṇ* (ags. *pāwa*) Pfau, *flọu* (nndl. *flaauw*) flau, *xȩnọu* (nndl. *genaauw*) karg, genau, *bȩnọ·u.t* (nndl. *benaauwd*) beengt. Der *ĭ*-Umlaut dieses *ọu* ist *øy*, z. B. *rȩøyȩx* ruhig, *xȩøyȩ* schneller.

Anm. Eine Ausnahme bildet *blö·u*. blau.

āṷ̆ ist mit *aṷ̆ṷ̆* zusammengefallen (§ 80).

§ 62. *ā > u·ọ*. im Pract. Plur. der starken Verba 4. und 5. Klasse. Diese Entwicklung ging jedenfalls von *nḗmȩ* nehmen und *kumȩ* kommen aus. In den Präteritalformen dieser Verba nämlich wurde früher als in anderen Fällen *ā* zu *ọ̄*:, das mit dem aus germ. *aṷ̆* entstandenen *ọ̄* zusammenfiel und daher die Diphthongierung zu *u·ọ*. (§ 77) mitmachte: *nu·ọ.mȩ*, *ku·ọ.mȩ*. Nach diesen beiden Verben haben sich dann alle übrigen der 4. und 5. Kl. gerichtet. Als *ĭ*-Umlaut des *u·ọ*. erscheint auf dem Wege der Analogie neugebildetes *ŷ·ọ*., z. B. *nŷ·ọ.mȩ* nähmen, *vŷ·ọ.ȩ* wären.

ĭ-Umlaut von wgerm. ā.

§ 63. Der *ĭ*-Umlaut von wgerm. *ā* ist zunächst *ẹ̄* (*ē̜*) gewesen, das sich in unserer Mundart zu *e̜*: entwickelt hat. Dieses *ẹ̄* (*ē̜*) ist schon andd. nach Hartgaumenlauten zu *ē* (*é*) geworden (vgl. andd. *kiési*, *gévi*) und mit dem *ē* aus wgerm. *aĭ* zusammengefallen (§ 74), erscheint daher jetzt als *i·ọ*., z. B. *ki·ọ.s* Käse, *ši·ọ.pȩ* Schäfer, *ši·ọ.ȩ* Schere.

§ 64. *e̜*: findet sich als *ĭ*-Umlaut von wgerm. *ā* nur in isolierten Formen, die kein *ọ̄*: (< *ā*) mehr neben sich haben, z. B. *le̜:x* (mndd. *lége*, mhd. *lâge*) böse, frech, *fe̜:lȩ* fehlen, *bȩkφe̜:m* bequem.

Dagegen erscheint in allen Formen, welche unumge-
lautetes ó: neben sich haben, ein von diesem nach Analogie
des Verhältnisses von ó zu ó (z. B. in *slót, slétṛ* §§ 133, 134)
neugebildeter Umlaut *ó:* , z. B. *ó:m* Atem, *ó:mṛ* atmen, *ksó:m*
Kram, *útksó:mṛ* auskramen, niederkommen (vgl. DW. 5,1966
s. v. *kram* II, 1, c.) *pó:s* Kind, *pó:stṛ* Kinder, *ssó:m* Riss,
ksó:mṛ ritzen, *spó:n* Span, *spó:n* Späne, *sló:p* Schlaf, *sló:pṛ*
Schläfer. — Im Übrigen vgl. § 61 und § 62.

§ 65. *ai̯ > ei*, z. B. *bei̯ṛ* (mhd. *bæjen*) bähen, *drei̯ṛ*
(mhd. *dræjen*) drehen, *krei̯ṛ* (mhd. *kræjen*) krähen, *krs·i*.
Krähe, *mei̯ṛ* (mhd. *mæjen*) mähen, *nei̯ṛ* (mhd. *næjen*) nähen,
sei̯ṛ (mhd. *sæjen*) säen, *vei̯ṛ* (mhd. *væjen*) wehen.
ai̯ ist mit *ai̯* zusammengefallen (§ 75).

Wgerm. ē.

§ 66. *ē > ī:*. Es findet sich nur in wenigen Wörtern:
kī:n (ags. *cén*) Kien, *bsī:f* Brief, *spī:ɣṛl* Spiegel, *tī:xṛlstéin*
Ziegelstein, *fī:tṛs* Fieber, *fī:l* fiel, *hī:l* hielt, *blī:s* blies, *lī:t*
liess, *slī:p* schlief.
Vor *r* (das später abfiel) wurde *ī:* zu *i:* in *hi:* (andd. *hér*)
hier (§ 169, 1).
ī: vor zwischen Vokalen geschwundenem *d > i̯* in *mi̯ṛ*
mieten (§ 147).

Wgerm. ī.

§ 67. *ī > i*, z. B. *dik* Teich, *xsis* (andd. *grīs*) grau, *slīk*
gleich, *lik* Leiche, Leichenzug, *lim* Leim, *li:n* Leine, *knit*
(ahd. *krída*) Kreide, *kí:f* (ahd. *kíwa*) Kinnlade, *stif* steif,
stī:f f. Stärke, *pī:n* (andd. *pīna*) Pein, Schmerz, *sī:x* (ahd. *rīga*)
Reihe, *sí:x* (andd. *sígi*) niedrig, *zin* Rhein, *sī:t* Seide, *tit*
Zeit, *vif* Weib, *vīsṛ* (andd. *wiska*) Wiese, *vit* weit, *ssinṛ*
(mndd. *schrínen*) schmerzhaft jucken und brennen, *kílṛxón*
(mndd. *kílen*) weglaufen, *vīzṛ* (mndd. *wisen*) zeigen, *vīzṛs*
Uhrzeiger, *ksítṛ* (mndd. *kríten*) kreischen, *dsítṛ* (an. *drīta*)
cacare, *kíkṛ* (mndd. *kíken*) sehen.
i vor zwischen Vokalen geschwundenem *d > ī*, z. B. *sī̯ṛ*
reiten (§ 147); *i > ū*, z. B. *spī̯ṛ* speien (§ 156); *i > ī̯* im Aus-
laut, z. B. *mī̯* mir (§ 156).

Wgerm. ō.

§ 68. ō > ū:, z. B. *blū:t* Blut, *bɔū:k* Bruch, *bū:k* Buch, *blū:m* Blume, *hū:stɑ* Husten, *kū:l* (ags. *cól*) kühl, *ʃʊū:l* (ags. *swcól*) schwül, *fɔū:* (ahd. *vruo*) früh, *mū:t* Mut, *mū:s* Mus, *ʃtū:l* Stuhl, *ʃū:n* Schuh, *snū:k* (mndd. *snók*) Hecht, *kū:kɑ* Kuchen, *ɔū:pɑ* rufen, *ʃmū:kɑ* (undl. *smoken*) rauchen, *ʃpū:kɑ* spuken, *flū:kɑ* fluchen, *vū:* (andd. *hwó*) wie.

Nicht zirkumflektiert erscheint *ū* in *dūn* thun, *hūn* Huhn (vgl. *hunɑɔ* Hühner) *mūdɑɔ* Mutter (§ 15, Anm. 1).

Vor *r* wurde *ū:* zu *ū:*, z. B. *bɔṻ·ɑ.ɔ* Bruder (§ 169, 3).

ū: vor zwischen Vokalen geschwundenem *d* > *ū*, z. B. *blūɑ* bluten (§ 147).

ȫ, d. i. ï-Umlaut von wgerm. ō.

§ 69. ȫ > ȳ:, z. B. *mȳ:t* müde, *mȳ:n* (mndd. *móne*) Muhme, *sȳ:t* süss, *sȳ:kɑ* (andd. *sókian*) suchen, *fȳ:lɑ* fühlen, *pɔȳ:cɑ* (ags. *prófian*) kosten, schmecken, *nȳ:mɑ* (andd.* *nómiun*) nennen, *zlȳ:nɑx* glühend.

Nicht zirkumflektiert erscheint *ȳ* in *mȳtɑ* müssen.

Vor *r* wurde *ȳ:* zu *ȳ:*, z. B. *ʃnȳ̈·ɑ.ɔkɑ* Schnürchen (§ 169, 4).

ȫ > yȳ̈, z. B. *blyȳ̈ɑ* blühen (§ 158, 3); *y:* vor zwischen Vokalen geschwundenem *d* > *ȳ*, z. B. *hȳɑ* hüten (§ 147).

Wgerm. ū.

§ 70. ū > ū, z. B. *bɔūt* Braut, *bɔūkɑ* brauchen, *dū:f* Taube, *fūs* Faust, *hūs* Haus, *kɔūs* kraus, *kɔūkɑ* f. (andd. *krúka*) Krug, *mū:l* f. (mndd. *múle*) Maul, *lūɔɑ* lauern, *ʃūɔɑ* (mndd. *schúren*) scheuern, *ɔūtɑ* (mhd. *rúte*) Fensterscheibe, *ʃtɔūk* Strauch, Strauss, *pɔū:m* (mndd. *prúme*) Pflaume, *tūtɑ* Düte, *tūtɑ* (an. *þúta*) auf dem Horn blasen, *kū:l* f. (mndd. *kúle*) Loch, *ʃtūtɑ* m. (mndd. *stúten*) Weissbrot, *lūkɑ* Luke, *dūkɑ* tauchen, *sūɔ* 1. sauer, 2. Essig, *ʃnūtɑ* Schnauze, *kūzɑköp ʃī:tɑ* (mndd. *kúsel* Kreis, *kúseln* kreisend im Wirbel drehen) Purzelbaum schlagen, *knūvɑ* f. Pl. Knöchel, *sūpɑ* saufen, *ʃūcɑ* (mndl. *schúven*) schieben, *kɔūpɑ* (mndl. *krúpen*) kriechen, *ʃlūtɑ* (mndl. *slúten*) schliessen, *ɔūkɑ* (mndl. *rúken*) riechen, *ū·ɑ.ɔ* Uhr, *ʃū·ɑ.ɔ* Schauer, *ɛū·ɑ.ɔ* Ruhr, *ʃūtɑ* f. Truthenne.

Anm. Auffällig ist der hd. Einfluss in *dūuzɑnt* tausend.

ů vor zwischen Vokalen geschwundenem *d* > *ů*, z. B. *lůₑ* lauten (§ 147); vor Vokal > *uẙ*, z. B. *tɔuẙₑ* trauen (§ 157), oder > *ɔẙ*, z. B. *bɔẙₑ* bauen (§ 157Anm.); ausl. > *uů*, z. B. *důů* du (§ 157).

ẏ, d. i. *ĭ*-Umlaut von wgerm. *ů.*

§ 71. *ẏ* > *ẏ*, z. B. *kẏvₑ* n. (mndd. *kůven*) Kübel, *kẏtₑ* f. Pl. (mndd. *kůt*) Waden, *kẏmₑ* (andd. *kůmian*) ächzen, *plẏ:m* (mndd. *plůme*) Troddel, *dɔẏ:x* (ags. *drýge*) trocken, *bɔẏ:m* Bräutigam, *sẏˑ₂.ɔ* Scheuer.

ẏ vor zwischen Vokalen geschwundenem *d* > *ẏ*, z. B. *lẏₓₑ* läuten (§ 147), vor Vokal > *yẏ*, z. B. *dyẏₓₑ* drücken (§ 159, 1).

3. Diphthonge.

§ 72. Wgerm. *aĭ, aŭ* und der *ĭ*-Umlaut des letzteren (*aŭ*[*ĭ*]) haben in unserer Mundart eine vollständig parallele Entwicklung genommen: *aĭ*, = ahd. *ei*, > *ĕi*; *aŭ*, = ahd. *ou*, > *ɔu*; *aŭ*[*ĭ*], = ahd. *ou*[*ĭ*], > *ɔ̆y*. *aĭ*, = ahd. *ê*, > *ê* > *iˑₐ*; *aŭ*, = ahd. *ô*, > *ô* > *uˑₐ*; *aŭ*[*ĭ*], = ahd. *ô*[*ĭ*], > *ȯ* > *ẏˑₐ*.. Vor *ɔ* wurde *iˑₐ* zu *iˑₓ*, *uˑₐ* zu *uˑₓ*, *ẏˑₐ* zu *ẏˑₓ*.. Wgerm. *ĕŏ* wurde wie wgerm. *ē* zu *iˑ*:, wgerm. *ĭŭ* wie der *ĭ*-Umlaut von wgerm. *ů* zu *ẏ*.

Wgerm. *aĭ*.

§ 73. *aĭ* (= ahd. *ei*) > *ĕi*, z. B. *blĕikₑ* f. Bleiche, *dĕil* Teil, *ĕiɣₑ* eigen, *ĕikₑ* Eiche, *ĕit* Eid, *flĕiš* Fleisch, *xĕis* Geist, *hĕim* heim, *hĕitₑ* heiss, *hĕ·i.t* (ahd. *heida*) Heide, *lĕim* Lehm, *mĕinₑ* meinen, *ɔĕ·i.n* (ahd. *reini*) rein, *sĕipₑ* Seife, *šĕif* (an. *skeifr*) schief, *štĕin* Stein, *šʮĕit* Schweiss, *šʮĕitₑ* schwitzen, *vĕik* weich, *šĕiₓₑ* scheiden, *lĕiₓₑ* leiten, *bĕitₐl* m. Meissel, *sĕivɔɔ* m. (ahd. *seifar*) Geifer.

Durch Kontraktion aus *aẏĭ, ahĭ* (§ 125. 127) ist *ĕi* entstanden in *sĕil* (mhd. *sëgel*, nndl. *zeil*) Segel, *sĕilₑ* segeln, *šlĕis, šlĕit* schlägst, schlägt, *tɔ̌ĕ·i.l* m. (ahd. *dwahila*) Handtuch. Dagegen wurde *aẏĭ* zu *ê* in *sês, sêt*, sagst, sagt, *lês, lêt* legst, legt.

Anm. 1. *hĭtₑ* (an. *heita*) heissen ist nach dem schwach flektierten Prät. *hidₑ* neugebildet.

Anm. 2. *ĕi* erscheint regelmässig in der 2. 3. Sg. Praes. der Verba *xɔ̄n* gehen, *itɔ̄n* stehen, *důn* thun — *xĕis, xĕit, ĭtĕis, ĭtĕit, dĕis, dĕit.*

§ 74. *aĭ* ist wie im Ahd. vor *h, w, r* und im Auslaut zu *ê* monophthongiert worden, welches als *iˑₐ* erscheint,

z. B. *sĭ·q.* (ahd. *réh*) Reh, *tĭ·q.t₂* m. (ahd. *zéha*, mndd. *téice)* Zehe, *ĭ·q.t₂x* (ahd. *éwig*) ewig, *sĭ·q.l* (ahd. *séla*) Seele, *snĭ·q.* (ahd. *snéo*) Schnee, *sĭ·q.* (ahd. *séo*) See, *tĭ·q.* (ahd. *wé*) wehe, *slĭ·q.* (ahd. *sléo*) schleh, stumpf, *klĭ·q.* (ahd. *kléo*) Klee, *tₐĭ·q.* (got. *twai*) zwei.

Nicht zirkumflektiert erscheinen *līgn₂* (ahd. *léhanón*) leihen, *līₐ₂* (andd. *lérian*) lehren, lernen.

Anm. 1. Mit dem aus *ai* entstandenen *é* sind verschiedene *é* anderer Herkunft lautlich zusammengefallen und wie dieses zu *rₐ.* diphthongiert worden: a) das altniederd. in den obl. Kasus durch Kontraktion aus *éhé* entstandene und aus diesen in den Nom. gedrungene *é* in *frₐ.* (andd. *eé*) Vieh, b) in einigen Fällen der *ī*-Umlaut von wgerm. *ā* (§ 63), c) das *e* im Prät. von *dūn* thun — *dĭ·q.t*, d) in Lehnwörtern: *pĭ·q.l* m. (mndd. *pél*) Tragring der Frauen auf dem Kopfe, *sₒrₐ.t* (andd. *wréth*, an. *reiđr*) zäh wird aus einer Mundart entlehnt sein, in der germ. *ai* in allen Fällen zunächst zu *é* geworden war. Jüngere Entlehnungen sind: *trₐ.* Thee, *aptĭ·q.k₂* Apotheke, *kamĭ·q.l* Kamel, *śtĭ·q.l* Steele a. d. Ruhr, *uny₂frₐ.₂* ungefähr. Auffällig ist das *rₐ.* in *íqĭ·q.y₂₂-* (ahd. *swigar*) Schwieger-, z. B. *íqĭ·q.y₂₂fūd₂₂*, *íqĭ·q.y₂₂-müd₂₂*, *íqĭ·q.y₂₂ĭ₂* Schwiegerin; offenbar liegen hier die hochdeutschen Formen mit *ü*, gesprochen *é*, zu Grunde, wie Schwägerin, verschwägert.

Anm. 2. *iₐ* ist aus *ĭ̯i* kontrahiert in der 2. 3. Sg. Praes. von *liy₂* liegen — *līₐ̯*, *līₐt*.

Anm. 3. Vor *ₛ* wird *rₐ.* zu *r₂.*, z. B. *r₂.ₛ* Ehre (§ 170); in *r·q.st₂* erste entsteht *rₐ.* wieder durch Vokalisation des *ₛ* vor Alveolaren (§ 94).

Anm. 4. Über *īₐ*, das aus *i* + vokalisiertem *ₛ* entstanden ist, vgl. § 94.

Wgerm. *aĭ̯*.

§ 75. *aĭ̯* > *ɛi*, z. B. *lɛ·i.* f. (andd. *leia*) Schiefertafel, *ɛi* (ahd. *ei*) Ei, *ₛₒɛį₂* schreien.

Mit diesem *aĭ̯* ist *āĭ̯* zusammengefallen (§ 65).

Wgerm. *aŭ*.

§ 76. *aŭ* (= ahd. *ou*) > *ŏu*, z. B. *bŏum* Baum, *dₒŏum* Traum, *śtₒŏum* (an. *straumr*) Strom, *dŏuf* taub, *ŏuk* auch, *ŏ·u.x* Auge, *kŏup₂* kaufen, *lŏup₂* laufen, *knŏup* (mhd. *knouf*) Knopf, *ₛŏuk* Rauch.

§ 77. *aŭ* ist wie im Ahd. vor Alveolaren (Dentalen), vor *h* und im Auslaut zu *ó* monophthongiert worden, welches als *ú·q.* erscheint, z. B. *lŭ·q.n* (ahd. *lón*) Lohn, *bŭ·q.n* (ahd. *bóna)*

Bohne, *bɞŭˑq.t* (ahd. *brót*) Brot, *rɞŭˑq.t* (ahd. *gróz*) gross,
dŭˑq.t (ahd. *tót*) tot, *blŭˑq.t* (ahd. *blóz*) bloss, nackt, *lŭˑq.t*
(mhd. *lót*) Lot, *pŭˑq.tₐ* (nndl. *poot*) Pfote, *pŭˑq.t* m. Pfütze,
štŭˑq.tₐ (ahd. *stózzan*) stossen, *tɞŭˑq.s* (ahd. *tróst*) Trost, *hŭˑq.x*
(ahd. *hóh*) hoch, *flŭˑq.* (ahd. *flóh*) Floh; *fɞŭˑq.* (ahd. *fró*) froh,
štɞŭˑq. (ahd. *stró*) Stroh.

Nicht zirkumflektiert erscheint *ɞŭq̄t* (ahd. *rót*) rot.

Anm. 1.   Auch das lange *o* in Fremdwörtern ist zu *ŭˑq.* geworden,
also nicht mit germ. *ū* (§ 68) zusammengefallen, z. B. *klŭˑq.stₐ* Kloster,
šŭˑq.l Schule. Die in neuerer Zeit aufgenommenen Lehnwörter haben
ŭˑq. bez. *ūq*, je nachdem das *ö* im Hd. zirkumflektiert betont ist oder nicht,
z. B. *paštŭˑq.s* Pastor, *kantŭˑq.s* Comptoir, *ɞūq̄zₐ* Rosen, *patɞŭˑq̄nₐ* Pa-
tronen, *mūq̄dₐ* Mode. Die zirkumfl. Betonung in *ɞŭˑq.s* Rose, *dŭˑq.s*
Dose, *Fɞanɞŭˑq.s* Franzose, *kumŭˑq.t* 1. Kommode, 2. bequem etc. ist
durch den Wegfall des auslautenden *e* bedingt (§ 13). Wie Lehn-
wörter aus dem Hd. sind auch *ūq̄nₐ* (mhd. *ûne*) ohne und *rūq̄nₐ* (andd.
wunôn) wohnen behandelt.

Anm. 2.   Andd. *só* ergab betont *sŭˑq.*, unbetont *su*, *fó* ja ent-
wickelte sich stark betont in der Bedeutung »auf jeden Fall« zu *fŭˑq.*.

ỉ-Umlaut von wgerm. *aŭ*.

§ 78.   Der ỉ-Umlaut von *aŭ* = ahd. *ou* ist *ŏy*, z. B.
dɞŏymₐ träumen, *xlŏyvₐ* (andd. *gilôƀian*) glauben, *dŏypₐ* (andd.
dôpian) taufen, *ɞŏykɞₐ* räuchern, *štɞŏypₐ* (mhd. *ströufen*)
streifen. Aus dem Ndl. sind wahrscheinlich entlehnt *flŏytₐ*
Flöte, *tŏytₐ* f. Blechkanne, *špɞŏytₐ* f. Giesskanne, *bŏˑy.s* n.
Wams.

§ 79.   Der ỉ-Umlaut von *aŭ* = ahd. *ó* ist *ẏˑq.*, z. B.
blẏˑq.t (andd. *blôdi*) blöde, *lẏˑq.zₐ* (got. *lausjan*) lösen, *šẏˑq.tₐ*
(got. *skauts*) Schösse, *nẏˑq.dₐx* (zu got. *ṇaups*) nötig, *tɞẏˑq.stₐ*
(an. *treysta*) trösten, *kɞẏˑq.zₐ* krosen, *klẏˑq.tₐ* (nndl. *kloot*)
Hoden, *ẏˑq.m* (mhd. *ôheim*) Oheim, daneben aber auch *ūqmₐ*.

Nicht zirkumflektiert erscheinen *hẏɞₐ* (andd. *hórian*)
hören, *štẏɞₐ* (mhd. *stœren*) stören.

Anm.   Auch das lange *o* in Fremdwörtern wird zu *ẏˑq.*, z. B.
fiẏˑq.lₐ Veilchen, *klẏˑq.s* Farbe.

Wgerm. *aŭ̯*.

§ 80.   *aŭ̯* > *ɔu*, z. B. *hɔųₐ* (ahd. *houwan*) hauen, *vā́ɞɞɔųₐ*
(ahd. *skouwôn*) warnen, *fɞɔˑu.* (ahd. *frouwa*) Frau, *mɔˑu.* f.

(mhd. *mouwe*) Mau, Ärmel, *kɔ·u.* f. (mndd. *kauwe*) Vogel-
käfig.

Mit diesem *aŭй̆* ist *ūй̆* zusammengefallen (§ 61.)

ǐ-Umlaut von wgerm. aŭй̆.

§ 81. Der ǐ-Umlaut von wgerm. *aŭй̆* > *əy*, z. B. *stɔəy₂*
(ahd. *strouwen*) streuen, *fɔəy₂* (ahd. *frouwen*) freuen, *fɔə·y.t*
(ahd. *frewida*) Freude, *həy* (ahd. *hewi*) Heu, *dəy₂* (ahd.
douwen) tauen.

Wgerm. ĕŏ.

§ 82. *ĕŏ* > *i:*, z. B. *knī:* Knie, *li:f* lieb, *dī:n₂* dienen,
ɔī:m₂ 1. Riemen, 2. Ruder, *ɔ̆tī:f-* Stief-, *lī:t* Lied, *dī:p* tief,
tī:k₂ f. (ags. *weoca*) Docht, *xī:t₂* giessen, *lī:γ₂* (andd. *liogan*)
lügen, *flī:γ₂* fliegen, *ɔ̆ī:t₂* schiessen, *b₂dɔ̆ī:γ₂* (andd. *bidriogan*)
betrügen, *fɔī:z₂* frieren, *f₂ɔlī:z₂* verlieren, *bī₂* bieten. — Ebenso
entwickelte sich das *ĕŏ* im Prät. der redupl. Verba 2. Kl.
ɔī:p rief, *li:p* lief, *ɔ̆lī:t* stiess.

Zu *ī:* wurde auch der durch Kontraktion aus *ëhŭ* ent-
standene Diphthong in *tī:n* (andd. *tian*) zehn. Nicht zir-
kumflektiert erscheint *sīn* (andd. *sian*) sehen.

Vor *r* wurde *ī:* zu *ī:*, z. B. *dī·₂.ɔ.* Tier (§ 169, 2).

Wgerm. ĭŭ.

§ 83. *ĭŭ* > *ŷ*, z. B. *tŷx* Zeug, *fŷɔ* (ahd. *fiur*) Feuer,
dŷ·₂.ɔ (andd. *diuri*) teuer, *ɔ̆tŷ·₂.ɔ* (andd. *stiuria*) Steuer, *ɔ̆tŷɔ₂*
steuern, *kŏ̧k₂* Küchlein.

Vor zwischen Vokalen geschwundenem *d* wurde *ŷ* zu *ỹ*,
z. B. *b₂dỹ₂* bedeuten (§ 147).

Anm. Hd. Lehnwort ist *dŏ̈yvɔ̧l* Teufel.

B. Die Vokale der Nebensilben.

§ 84. In unbetonten Nebensilben wird jedes mndd. *e*,
mitunter auch ein anderer Vokal zu *ə* geschwächt, z. B.
mid₂ Mitte, *hat₂* Herz, *x₂dón* gethan, *baʰ₂s* Backhaus, *hauɔ̧₂*
Handschuh, *bɔɔr₂s* barfuss, *f₂ɔaft₂x* wahrhaftig, *iŋ₂l* Engel,
īz₂ɔ Eisen, *rīl₂* wollen. Vortoniges *o* wird zu *a* in *saldó:t*

Soldat, *kantŭˑɐ.ɐ* Comptoir. — Synkope findet sich in *pɐā:t* (lat. *paratus*) fertig, *slóːt* Salat, *kɔintɐ* Korinthen, *Kátɐíːn* Katharina, *tɐyk* zurück. Ausserdem wird fast jedes unbetonte *e* nach stimmhaften Konsonanten synkopiert oder apokopiert, wobei in den in § 13 angegebenen Fällen zirkumflektierte Betonung eintritt. Über weitere Fälle siehe die Formenlehre.

C. Die Konsonanten.

1. Halbvokale.

Wgerm. ĭ.

§ 85. ĭ ist im Anlaut als *j* erhalten, aber vor ursprünglichen Hartgaumenvokalen zu stimmlosem *x* geworden. z. B. *juŋk* jung, *jŏˑɐ.ɐ* Jahr, *jó* ja, *jāɣɐ* jagen, *jaŋkɐ* weinen, *jalpɐ* heulen, *jŭks* Spass, *jykɐ* jucken, *Jȳːt* Jude. — *xĭ* (andd. *gi*) Sie, *xestɐ* (ne. *yest*) Hefe, *xyˑn.* dort, *xynsĭt* drüben, jenseits.

Anm. 1. Sehr auffällig ist die unbetonte Form des Dat. Akk. Sing. des pers. Pron. der 2. Person *ĭɐ*, nach stimmlosem Kons. *ɐ̇ɐ*.

Anm. 2. *jédɐ*ᵗ jeder und *jĕts, jits* jetzt sind hd. Lehnwörter, vielfach hört man für letzteres auch *xĕts, xits*.

Wgerm. ŭ.

§ 86. ŭ erscheint als stimmloser bilabialer Reibelaut in den Verbindungen *kφ, sφ, tφ*, z. B. *kφetsɐ* Zwetsche, *kφātɐɐ* jammern, *sφéɐ* n. Schwäre, *sφéɐɐ* schwören, *tφĭˑɑ.* zwei, *tφas* (nndl. *dwars*) quer.

§ 87. Vor *l* und *r* ist anlautendes ŭ zu *f* geworden, z. B. *flispɐɐ* (mndd. *wlispen*) flüstern, *fɐiŋɐ* (mndd. *wringen*) ausringen, *fɐixtɐ* (mndd. *wrist*) Fussrücken, *fɐĭˑɑ.t* (andd. *wréth*) zäh, *fɐak* (mndd. *wrack*) untauglich.

Anm. ŭ ist abgefallen in *ɐitɐ* (andd. *writan*) reissen (vgl. FRANCK, Mndl. Gr. § 57) und in *sfɐɐ* (mndl. *wriven*) reiben.

§ 88. ŭ ist geschwunden 1) nach ŭ, vor Konsonanten und im Auslaut, z. B. *hɔɐ* (ahd. *houwan*) hauen, *fɐɔˑu.* (ahd. *frouwa*) Frau, *fɐɐyɐ* (ahd. *frouwen*) freuen, *sĭˑɑ.l* (got. *saiwala*) Seele, *eˑɐ.tɐ* (ahd. *araweiz*, andd. *erit*, an. *ertr*) Erbse, *snĭˑɑ.*

(ahd. *snêo*) Schnee, *vī·g.* (andd. *wê*) wehe, *xél* (ahd. *gëlo*) gelb, *xūb* (ahd. *garo*) gar. 2) nach Konsonanten vor Weichgaumenvokal, z. B. *sȳ:t* (ags. *swóte*) süss, *hū:stᶎ* (ags. *hwósta*) Husten.

Anm. ų̆ zwischen Vokalen ist als *v* erhalten in *ī·g.vᶎx* ewig, sowie in *tī·g.vᶎ* m. Zehe, wo es in grammatischem Wechsel zu *h* steht (ahd. *zêha*, mndd. *têwe*), dagegen geschwunden in *ipiᶦlᶎ* speien, *ȋnilᶎ* schneien.

§ 89. In allen übrigen Fällen ist ų̆ zu labiodentalem *v* geworden, das als *f* auslautet, z. B. *vātᶃb* Wasser, *vȋt* weiss, *xevᶎ* gerben, *fevvᶎ* färben, *faᶏ.f* Farbe, *śᵧaᶦl.f* Schwalbe.

Anm. In unbetonter Vorsilbe ist anlautendes *v* zu *f* geworden in *fᶎaftᶎx* wahrhaftig neben *vōᶏ.ı* wahr.

2. Liquiden.

Wgerm. *l*.

§ 90. *l* ist in der Regel als palatales *l* erhalten, z. B. *lātᶎ* spät, *lȅpš* brünstig, *kləyᶎl* (ags. *clýwen*) Knäuel, *klȅpᶎl* (mndd. *kluppel*) Knüppel, *hȳlᶎ* heulen, *kalᶎ* reden, *houlᶎ* halten.

§ 91. *l* ist geschwunden 1) vor *s* in *ê:stᶃb* (mhd. *egelster*) Elster, *ȅs* als, *sas* sollst, *vȍs* willst. 2) in *Vi·m.*, *Vilem* (nndl. *Willem*) Wilhelm, *hasᶎnūt* (mndd. *hasselnote*) Haselnuss, *kūzᶎköp* (mndd. *kûsel*) Purzelbaum.

Metathesis von *l* trat ein in *noᶏ·u.l* (mndl. *nálde*) Nadel.

Wgerm. *r*.

§ 92. *r* ist in der Regel zu *ᶏ* geworden, z. B. *ᶏou* Ruhe, *blevᶎ* schreien, *pᵛd:m* (ahd. *phrûma*) Pflaume, *evᶃb* aber, *fevkᶎ* Schwein, *eᶏ.pᶎl* Erdapfel, Kartoffel, vergl. damit *ȅdëpᶎl* Pl. Kartoffeln.

Anm. *r* ist zu *n* geworden in *knȋt* (mhd. *krîde*) Kreide, dazu *knȋtöÿvᶎ*ᶏ Geizhals. In *huänᶎnt* hundert hat sich das *n* vor dem *t* erst später entwickelt, nachdem das *r* bereits ausgefallen war.

§ 93. Geschwunden ist *r* 1) vor Alveolaren, z. B. *būt* Bart, *xē:n* gern, *vōs* Wurst, *hat* hart (§ 137 ff.). 2) im Auslaut in *hi:* hier, *dó:* da, *vū:* wo.

§ 94. In folgenden Wörtern hat sich *ᶏ* vor Alveolaren zu *ᶏ* vokalisiert: *kiᶏsᶎ* Kirsche, *fiᶏtin* vierzehn, *fiᶏtᶎx* vierzig, *fi·ᶏ.l* viertel, *di·ᶏ.n* Dirne, *pi·ᶏ.skᶎ* Pfirsich. Die zirkum-

flektierte Betonung in den beiden letzten Wörtern ist durch
den Wegfall eines unbetonten *e* bedingt (§ 13).

Über Metathesis von *r* bei Alveolaren vgl. § 177.

3. Nasale.

Wgerm. *m*.

§ 95. *m* ist regelmässig erhalten, z. B. *mā:t* Magd,
hemdə Hemd, *fā:m* (mhd. *vadem*) Faden, *sϕū:m* (mhd. *swadem*)
Schwaden. *bó:m* (mhd. *bodem*) Boden. *besə̣m* (ags. *besme*)
Besen.

> Anm. 1. Ausgefallen ist *m* in *štŭp* (ahd. *stumph*) stumpf, *tʒŭf*
> (nndl. *troef*) Trumpf im Kartenspiel.
> Anm. 2. Mit folgendem *g* wurde es zu *ŋ* in *huŋ{ə}t* (ahd. *boum-*
> *garto*) Baumgarten.

Wgerm. *n*.

§ 96. *n* ist im An- und Inlaut sowie im Auslaut von
Stammsilben erhalten, z. B. *nó:* nah, *knŏp* Knoten, *xynə̣*
gönnen, *vīnt* Wind, *kan* kann. *sīn* sein, *dūn* thun.

> Anm. Im Anlaut ist es abgefallen in *ūk* (andd. *nako*) Nachen, in-
> folge falscher Abtrennung von dem vorgesetzten unbestimmten Artikel.

§ 97. Schwund des *n* unter Ersatzdehnung ist für die
müllh. Mundart nur vor *f* von Alters her ererbt in *fīf*
(andd. *fīf*) fünf. Vor *s* ist das *n* erst später geschwunden in
xɔ·u.s (mndl. *gans*) Gans (vgl. § 160 Anm. 2), *ūs* uns, *pīistə̣*
Pfingsten, *dīzdàx* Dienstag. *kas* kannst, *kus* konnte, *ēs* ein-
mal, *ymə̣s* jemand, *nymə̣s* niemand, *ēvə̣s* eben, *ɛ̣vγə̣s* irgend-
wo, *nevγə̣s* nirgends, *xū:zdàx* Mittwoch, (mndd. *gudensdach*).

§ 98. Im Auslaut ist *n* in den unbetonten Endsilben mehr-
silbiger Wörter abgefallen, bes. in Flexions- und Ableitungs-
silben, z. B. *ópə̣* offen. *téγə̣* gegen, *uŭnə̣* unten, *hevə̣* haben,
hadə̣ hatten. Doch gilt dies nur für die Stadtmundart; auf
dem Lande bleibt das *n* erhalten.

> Anm. *n* ist angetreten in *šŭ:n* (andd. *skōh*) Schuh. Es ist aus dem
> Plural übernommen.

Wgerm. *ŋ* (*η*).

§ 99. Der Gaumen-Nasal ist in der Regel erhalten, z. B.
juŋk jung, *laŋk* lang, *la·ŋ.* lange, *iŋəl* Engel, *penə̣ŋ* Pfennig.

> Anm. Ausgefallen ist *ŋ* in *kÿnə̣x* (andd. *kuning*) König.

4. Verschluss- und Reibelaute.

a) *Labiale*.

Wgerm. *p*.

§ 100. *p* ist in allen Stellungen erhalten; vor betontem Vokal ist es aspiriert (§ 19), z. B. *pípə* Pfeife, *pótə* pflanzen, *pr̥ỉ:m* Pflaume, *pï̆.q.skə* Pfirsich, *plykə* pflücken, * šepə* schöpfen, *xrípə* greifen, *dərpəl* Schwelle, *helpə* helfen, *dï:p* tief, *köp* Kopf, *štŭp* stumpf.

Anm. Auffallend ist das *f* in *šti:f-* Stief-, vgl. auch mndl. *stief*. Hier liegt wohl hd. Einfluss vor, wie in *šq̄r̆q.yəs-* (§ 74 Anm. 1).

Wgerm. *b*, *β*.

§ 101. *b*, das im Altniederd. nur im Anlaut, in der Gemination und in der Verbindung *mb* vorkam, ist im Anlaut erhalten, z. B. *bék* Bach, *bótə* (andd. *bi oβan*) oben, *blū:t* Blut.

§ 102. Das geminierte *b* ist zum einfachen Verschlusslaut geworden, welcher vor stimmlosen Konsonanten und im Auslaut zu *p* wurde, z. B. *rip* Rippe, *krip* Krippe, *ik hep* ich habe, *zī̆ hep* Sie haben. Im Inlaut zwischen Vokalen blieb das *b* aber nur erhalten, wenn in der Flexion Formen mit auslautendem *p* nebenhergingen, z. B. *ribə* Rippen, *kribə* Krippen. Sonst ist es zu *v* geworden; einziges Beispiel ist *hevə* (andd. *hebbian*) haben; neuerdings wird auch in *ik hep* und *zī̆ hep* immermehr Reibelaut gesprochen.

Anm. 1. *b* findet sich im Inlaut nach kurzem Vokal in einer Reihe von jüngeren Neubildungen, welche ein lautgesetzliches *bb* repräsentieren, z. B. *krabələ* krabbeln, *rabələ* rappeln, *babələə* Bonbon, *kebələ* zanken, *knŭbələ* kleine Stücke abbrechen, *šnĭbələ* schnitzeln, *šĭbələ* flache Steine über die Oberfläche des Wassers hüpfen lassen, *six šĭbələx laxə* sich kugeln vor Lachen, *zĭbələ* lachen, *kribələx* mürrisch, *bŭbələ* schwätzen, *hŭbələ* hobeln, *hŭbəl* Hobel, *xrŭbələ* grapsen, *rŭbələx* uneben, rauh, *šŭbə* kratzen, *šebəx* hässlich.

Anm. 2. In *ō:mənt* (andd. *āβond*) Abend wurde *rən* zu *m*; vor dem *t* aber entwickelte sich wieder ein *ən*.

Anm. 3. Hd. Lehnwörter sind *sābəl* Säbel, *šnābəl* Schnabel, *bĭbəl* Bibel, *fĭbəl* Fibel, *rə̆ybər* Räuber.

§ 103. In der Verbindung *mb* ist *b* im Inlaut abgefallen, im Auslaut zu *p* geworden. In neuerer Zeit verstummt es hier aber mehr und mehr, z. B. *kɛimə* (ags. *cemban*) kämmen, *îmə̑* (andd. *émbar*) Eimer, *y·m.* (andd. *umbi,* um, *kⱥuăm* (andd. *krumb*) krumm, *kↄum* (ags. *comb*) Kaınm.

Anm. In *klymə̑* (ags. *climban*) klettern, *tⱥ̆rm.* (mhd. *trumbe*) hat sich das *b* dem *m* frühzeitig assimiliert.

§ 104. *β* ist zu labiodentalem *v* geworden, z. B. *dⱥ́ivə̑* treiben, *xévə̑* geben, *evvə̑* erben, *silvə̑* Silber, *selvⱥs* selbst.

Anm. In *ⱥbĕit* (andd. *arbeid,* Arbeit wurde *β* zu *b*, weil infolge des starken Nebentones, den die zweite Silbe trug, das Wort vielleicht als eine Zusammensetzung angesehen wurde.

§ 105. Auslautendes *β* erscheint, wie schon im Andd., als *f*, z. B. *vif* Weib, *lif* Leib, *li:f* lieb.

Wgerm. *f*.

§ 106. *f* ist im An- und Auslaut erhalten, im Inlaut dagegen zu *v* geworden, z. B. *fun* von, *fādə̑* Vater, *fif* fünf, *vülf* Wolf, *hof* Hof; *ovə̑* Ofen, *dↄvə̑* dürfen; *tĕ·l.f* < *völvə̑* Wölfe, *hé:f* < *hévə̑* Höfe.

Anm. 1. Auffällig ist das *p* in *plⱥ́mils* Fledermaus, vgl. WOESTE *plérmils* neben *flɑ̆dermils.*

Anm. 2. Inlautendes *f* findet sich in Lehnwörtern, z. B. *tā:fⱥl* Tafel, *xafⱥl* (nndl. *gaffel*) Gabel, *xⱥifⱥl* Griffel, *tⱥefⱥ* treffen, *kefⱥ* zanken, *kufⱥ* Kaffe, *slufⱥ* m. Pantoffel.

§ 107. In der Verbindung *ft* wurde *f* schon in alter Zeit zu *x*, z. B. *axtⱥↄ* hinter, *xↄax* (zu *xↄāvə̑* graben) Gracht, *nix* (ahd. *niftila*) Nichte, *koxt* kaufte, *xlox* glaubte, *lux* Luft, *ŝtix* Stift, nur noch als Bezeichnung einer zum ehemaligen Damenstift Essen gehörigen Örtlichkeit gebraucht, sonst stets *ŝtif*, z. B. *blüŝtif* Bleistift. Überwiegend heisst es jetzt aber auch *kof*, *xlof*, *luf*.

b) Dentale und Alveolare.

Wgerm. *t*.

§ 108. *t* ist in fast allen Stellungen erhalten, vor betontem Vokal ist es aspiriert (§ 19), z. B. *tit* Zeit, *tⱥekⱥ* ziehen, *étⱥ* essen, *katⱥ* Katze, *kⱥé:ftⱥ* Krebs, *mets* Messer.

Anm. 1. *ts* erscheint, abgesehen von Fällen wie *mets* Messer, wo *t* und *s* in alter Zeit zusammentrafen, nur in Lehnwörtern, z. B. *ŝpits* spitz, *nets* Netz, *kétsⱥ* Kerze, *kⱥatsⱥ* kratzen, *ŝats* Geliebter, Geliebte, *klɑ̈ts* Klotz, *ŝätsⱥ* Schlittschuh, *blits* Blitz, *batsⱥ* Hinterbacke, *bⱥitsⱥl* Bretzel, *hitstⱥ* Hitze, mit demselben Suffix weitergebildet wie *hⱥ̈xtⱥ*, u. s. w.

Anm. 2. Das anlautende *ts* in Lehnwörtern wird zu *s*, z. B. *sux* Eisenbahnzug, *sixá*ə, Zigarre, *suk*əə Zucker, *sip*əl (lat. *cēpula*) Zwiebel, *sinz*ə Zinsen.

§ 109. Im Inlaut ist *t* geschwunden 1) zwischen *s* und *l* in *bōs*əl 'nndl. *borstel*) Bürste und *fas*əlō:m*ənt* (mndd. *vastelâvent*) Fastnacht, 2) vor *st* in *lest*ə letzte und *best*ə beste.

§ 110. Auslautendes *t* ist abgefallen nach Verschluss- und Reibelauten, z. B. *sÿp* säuft, *mak* macht, *bys* bist, *rǐis* weisst, *vös* willst, *frÿ:s* friert, *sÿ:f* schiebt, *flÿ:x* fliegt, *veš* wäscht, *nis* Nest, *fas* fest, *luf* Luft, *lix* leicht, *ɤex* recht, *mar� k* Markt. In der Flexion tritt das *t* im Inlaut wieder hervor, z. B. *fast*ɤə fester, *nist*ɤə Nester.

Auch nach *m* und *ŋ* fällt das *t* ab; in diesem Falle aber tritt der homorgane Verschlusslaut, der sonst nur als latenter Übergangslaut fungierte, in den Auslaut, z. B. *kymp* kommt, *xɤšamp* geschämt, *si·ŋ.k* singt, *la·ŋ.k* langt.

Wgerm. *d*, *ð*, *ϑ*.

§ 111. *ϑɤ* ist über *dɤ* zu *tɤ* geworden, z. B. *tɤiŋ*ə (andd. *thwingan*) zwingen, *tɤě·i.l* (ahd. *dwahila*) Handtuch, *tɤas* (mndl. *dwars*) quer, *tɤazdɤír*ɤə Quertreiber. — Geminiertes *ϑ* ist zu *t* verschoben, z. B. *šmit*ə (ags. *smiþþe*) Schmiede, *mut*ə (ags. *moþþe*) Motte. — In allen übrigen Fällen ist *ϑ* zum stimmhaften Verschlusslaut geworden und hat dieselben Schicksale wie altes *d*, *ð* erfahren. Im Folgenden werden beide Laute zusammen behandelt.

§ 112. *d* ist im Anlaut erhalten, z. B. *dǐ:p* tief, *dÿɤ* Thüre, *dɤiŋk*ə trinken, *diŋk*ə denken, *dɤei*ə drehen, *dat*ɤx dreissig.

Anm. Auffällig ist das *t* in *tɤdʉɤ* Trauer, *tɤdʉɤx* traurig, vgl. nndl. *treurig*. Hier ist wohl hd. Einfluss anzunehmen.

§ 113. *d* ist im Inlaut geschwunden

1. zwischen Vokalen, z. B. *bě̇*ə beten, *bǐ*ə bieten, *bô:m* Boden, *tɤdʉ* treten, *šlǐ*ə Schlitten, *xū:zdax* (mndd. *gudensdach*) Mittwoch, *lě̇·ə.ɤ* Leder, *fe̊·ə.ɤ* Feder, *fā:m* Faden, *ô:m* Atem, *bɤü̊·ə.ɤ* Bruder, *fɤɤliʾə* (got. *galiþans*) vergangen.

Anm. 1. Auf hd. Einfluss beruht die Erhaltung des *d* zwischen Vokalen in *fädɤ*ɤ Vater — *fā:ɤ* hört man wohl auch noch, aber sehr

selten —, *mūdᶾᵃ* Mutter — aber *mȳᵖᵃˌᵃkᵃ* weibliches Kaninchen —, neben
denen aber bereits vielfach *fatᶾᵃ, mutᵃᵣᵃ* gebraucht werden, *klēidᵉr* neben
klēiᶾᵃ Kleider, aber wohl nur *klēidᵃᵣᵃkastᵃ* Kleiderschrank, *snīdᵃᵣ* Schnei-
der, *lūdᵃ* Laden.

2. nach *l* und *n*, wenn diesen ein langer Vokal oder
Diphthong vorhergeht, z. B. *hiːlᵃ* hielten, *hɔulᵃ* halten, *sᴇilᵃ*
schelten, *nɔˑuˌl* (mndl. *nȧlde*) Nadel, *bīnᵃ* binden, *fīnᵃ*
finden, *uūnᵃ* unten, *sɔˑuˌn* Schande.

Anm. 2. Geht dem *l* ein kurzer Vokal vorher, so bleibt das *d*
erhalten, z. B. *zȯldᵃ* golden, *bildᵃᵣ* Bilder, *sildᵃᵣ* Schilder, *meldᵃ* melden.
Neben *bȯˑlˌtᵃ* (mndd. *bolde*) bald sagt man meist *bȯˑl.* — Abgefallen ist es
ferner in *un* und.

§ 114. Sonst blieb inlautendes *d* erhalten und zwar

1. wenn es auf *dd* beruht, z. B. *bidᵃ* bitten, *midᵃ* Mitte,
dᵃridᵃ dritte, *sydᵃ* schütten, *vedᵃ* wetten, *bedᵃᵣ* Betten, *ledᵃᵣ*
(nndl. *ladder*) Leiter, *fedᵃᵣ* (mndd. *vedder*) Vetter.

2. wenn vor demselben ein *r* ausgefallen ist, z. B. *ādᵃx*
artig, *fēdᵃx* fertig, nach Analogie dieser *nȳˑᵃˌdᵃx* nötig.

3. in dem Suffix *-itha*, lautgesetzlich z. B. in *brēdᵃ* Breite,
vīdᵃ Weite, durch Übertragung von diesen Mustern auch in
kɔˑyˌldᵃ Kälte, *leˑŋˌdᵃ* Länge, *zᵃvendᵃ* Gewohnheit.

4. in dem Komparativsuffix *dᵃᵣ*, z. B. *klindᵃᵣ* kleiner.

5. Nach *m*, z. B. *hemdᵃ* Hemd, *fᵃymdᵃ* Fremde.

6. in der Präteritalendung schwacher Verba, z. B. *lēˑvdᵃ*
lebte, *hȳˑlˌdᵃ* weinte, *vundᵃ* wohnte, *bᵃɔˑuˌdᵃ* braute.

§ 115. Auslautendes *d* ist zu *t* geworden, z. B. *tīt* Zeit,
lᵃunt Land, *vīlt* wild, *rūᵃt* rot.

Wgerm. *s.*

§ 116. Stimmloses *s* erscheint

1. im Anlaut vor Vokalen, z. B. *siŋᵃ* singen, *saldōˑt*
Soldat, *sȳˑt* süss.

Anm. Neben stark betontem *syȳ* sie steht unbetontes *zᵃ*.

2. im Inlaut, wenn es auf Geminata oder auf *rs* zurück-
geht, z. B. *misᵃ* missen, *kysᵃ* 1. küssen, 2. Kissen, *kiᵃsᵃ* (mndd.
mndl. *kersse*) Kirsche, *besᵃm* (mndd. *bessem*, ags. *besma*) Besen,
hasᵃnūt (mndd. *hasselnote* < *hasla*) Haselnuss. — *vūsᵃ* wachsen,
āsᵃ Achse.

3. vor oder nach stimmlosen Konsonanten, sowie im Auslaut, z. B. *ė:st̄ᶎᵄ* Elster, *kētsᶎ* Kerze, *xlas* Glas, *mets* Messer, *hŭs* Haus, *kus* (ahd. *konsta*) konnte, *dōs* (ahd. *gitorsta*) durfte.

Anm. Wie verhält sich *fᶎix*, *fᶎixt̄ᶎ* f. Fussrücken zu mndd. *ᵗcrist̄*?

§ 117. Stimmhaftes *z* findet sich im Inlaut

1. zwischen Vokalen, z. B. *lézᶎ* lesen, *šė:zᶎ* eilen, *fᵿī:zᶎ* frieren, *fᶎᵿlī:zᶎ* verlieren. Nach gekürztem Vokal erscheint es in *ĭzᶎᵃ* Eisen, *fŭzᶎl* Fusel, *kĭzᶎlśtĕin* Kieselstein, *bĭzᶎlᶎ* fein regnen.

2. nach Liquiden und Nasalen, z. B. *felzᶎ* Felsen, *dŭᵃ-cėmzᶎ* durchprügeln, *inzᶎl* Insel, *pinzᶎl* Pinsel.

Anm. Dass *z* nach *r* stimmhaft war, ergibt sich aus der zirkumflektierten Betonung von *ā:š* Dat. von *ŭš* Arsch, welches nur auf *arš̄ᶎ* < *arzᶎ* zurückgehen kann.

§ 118. *sk* ist in allen Stellungen zu *š* geworden, z. B. *šō:p* Schaf, *šepᶎ* schöpfen, *šᶎivᶎ* schreiben, *šᶎeiᶎ* schreien, *tyšᶎ* zwischen, *myšᶎ* Sperling, *fiš* Fisch, *dŭtš* deutsch.

§ 119. *s* ist zu *š* geworden

1. in den anlautenden Verbindungen *sl*, *sm*, *sn*, *sp*, *st*, *sŭ*, z. B. *šlón* schlagen, *šlᶽ̄ᶎ* Schlitten, *šmitᶎ* Schmiede, *šmūkᶎ* schmecken, *šnῐᵛᶎ* Schnee, *šnῐᶎ* schneiden, *špilᶎ* spielen, *špᶎékᶎ* sprechen, *štékᶎ* stechen, *štón* stehn, *šᶎφō̆·ᶎᵃ* schwer, *šᶎφat* schwarz.

Anm. Ebenso entwickelte sich das sekundär entstandene *sl* in *šlō:t* Salat.

2. in einigen Wörtern nach *r*. *ūš* (ahd. *ars*) Arsch, *fēš* (ahd. *vērs*) Vers, *fēšᶎ* (mndd. *verssene*) Ferse, *fēšᶎ* First, Giebel, vgl. dagegen § 142.

3. in *paštŭ·ᶎᵃ* Pastor, *pištó·l*. Pistole, *kaštéiᶎ* Kastanien, *vῐpšᶎ* Wespe, *bukšᶎ* Hose.

§ 120. *š* findet sich ferner

1. in der Deminutivendung der Substantiva auf *l*, *n*, *t*, z. B. *Kū:lšᶎ* Karlchen, *hᶒ·i.nšᶎ* Händchen, *litšᶎ* Liedchen.

2. In der Bezeichnung der Frauen nach dem Namen oder Stande ihres Mannes, z. B. *Mölᶎᵃ* — *Mölᶎᵛšᶎ*, *paštŭ·ᶎᵃ* — *paštŭ·ᶎ.šᶎ*, ebenso *dᶎ ᶎ·y.lšᶎ* Alte; nach dem Muster dieser ist gebildet *klŭkšᶎ* Bruthenne.

3. in einer Reihe von einzelnen Wörtern, z. B. *piťš*
Peitsche, *küťš* Kutsche, *lüťšᵻ* lutschen, *flaťšᵻ* antragen, *kïťš*
Samengehäuse der Äpfel, *ʋaťš* Riss, *maťš* Dreck, *knaťš* Dreck,
klaťš Klatsch, *ɤlïťšᵻ* gleiten, *ʋyťšᵻ* rutschen, *keťšᵻ* aus einem
Stein Feuer schlagen, *flüťšᵻ* gleiten, *ʋaťš* Schlag.

Anm. Wie ist das weit verbreitete *i* in *nīïšᵻx* neugierig zu er-
klären?

c) Gaumenlaute.

Wgerm. *k* (c).

§ 121. *k* (c) ist unverschoben erhalten, aber vor betontem
Vokal aspiriert (§ 19), z. B. *kumᵻ* kommen, *kʋiŋk* Kreis,
mākᵻ machen, *sȳːkᵻ* suchen, *takᵻ* Zacke, *dāk* Dach, *bŭk*
Bauch, *milk* Milch.

Anm. Nur in wenigen Fällen erscheint *k* als *x*, *sixᵻ* (andd.
sikor) sicher, *ťïixᵻ* (andd. *tēkan*) Zeichen, *fʋex* (andd. *frēk*) frech, *six* (got.
sik, aber andl. stets *sig*, ndl. *zich*!) sich, -*lᵻx* -lich. Die Verschiebung
in diesen Wörtern ist in einem grossen Teile des niederd. Sprachgebiets
aus dem Hd. eingedrungen. Vgl. WAHLENBERG, Die niederrheinische
(nordrheinfränkische) Mundart und ihre Lautverschiebungsstufe, Gym-
nasialprogramm, Köln, 1871, S. 7.

Die Verbindung *sk* ist zu *š* geworden (§ 118).

Wgerm. *g* (g), *γ* (ɟ).

§ 122. Der Verschlusslaut *g* (g) existierte im Altnieder-
deutschen nur in der Gemination *gg* (gg) und in der Verbin-
dung *ŋg* (ŋg). Das geminierte *g* wurde im Auslaut zu *k*, im
Inlaut zu *γ*, z. B. *bʋyk* Brücke, *myk* Mücke, *ʋyk* Rücken,
hek Hecke, *ʋek* Weck, *flyk* schnell. In der Flexion dieser
Wörter erscheint im Inlaut entweder *γ*, oder es drang das
k des Auslauts ein, so stets bei *flyk*. — *liyᵻ* (andd. *liggian*)
liegen, *leyᵻ* (andd. *leggian*) legen, *seyᵻ* (andd. *seggian*) sagen,
tayᵻ zanken, *ʋoyᵻ* (andd. *roggo*) Roggen.

Anm. In der Flexion von *liyᵻ* und *leyᵻ* kommt kein Verschluss-
laut mehr vor; von *seyᵻ* finden sich noch *ik sek* ich sage und *zī sek*
Sie sagen, in denen aber schon vielfach Reibelaut gesprochen wird;
dagegen erscheint in allen Formen von *tayᵻ* im Auslaut und vor Kons. *k*.
Vgl. § 102.

§ 123. *ŋg* (ŋg) ist im Inlaut zu *ŋ*, im Auslaut zu *ŋk*
geworden; daneben kommt aber im Auslaut, besonders in

Nebensilben auch blosses ŋ vor, übertragen von den Flexions-
formen mit inlautendem ŋ, z. B. *tu·ŋ*. Zunge, *siŋ₂* singen,
i·ŋ. enge, *la·ŋ.* lange, *laŋk* lang, *juŋk* jung, *sᵉituŋ* Zeitung.

§ 124. Der Reibelaut *γ* (*ᴊ*) ist im Anlaut zu *x* ge-
worden; im Inlaut blieb er erhalten, z. B. *xᵒū·g.t* gross, *xut*
gut, *xat* Loch, *xᵉl* gelb, *xit* ihr, *blāyₑ* Kinder, *lī·yₑ* lügen,
soₒyₑ sorgen.

Anm. 1. Die unbetonte Vorsilbe ge- lautet *xₑ* oder *yₑ*.

Anm. 2. Im Inlaut erscheint *x* in *köyxₑl* (ahd. *kegil*) Kegel,
ti·xₑl (ahd. *ziagal*) Ziegel.

§ 125. Inlautendes *γ* (*ᴊ*) zwischen Vokalen ist ausge-
fallen in *mā·t* (andd. *magath*) Magd, *ē·stₑₒ* (mhd. *egelster*)
Elster, *ᵉintlₑx* eigentlich, *sᵉil* (mhd. *ségel*) Segel, sowie in
den Verbalformen *lias, līat, lᵉs, lēt, sᵉs, sēt* 2. 3. Sg. Praes.
von *līyₑ* liegen, *leyₑ* legen, *seyₑ* sagen, *kₒis* 2. Sg. Praes. von
kₒíyₑ bekommen.

Wgerm. *x* (*χ*), *h.*

§ 126. *x* (*χ*), *h* blieb im Anlaut vor Vokalen als *h* er-
halten, in der Gemination, in der Verbindung *xt* und im
Auslaut als *x*, z. B. *hevₑ* haben, *hat* hart, *laxₑ* lachen, *nax*
Nacht, *ₒex* recht, *hū·g.x* hoch, dessen *x* inlautend zu *γ* wird:
hᵒᵉyₑₒ, sū·g.x sah, *xₑⁱsū·g.x* geschah.

Anm. In der Verbindung *xt* fiel *x* aus in *nī·, ni, nit,* nicht;
nichts lautet *niks.* Im Auslaut fiel *x* ab in *dūₒ* (andd. *thuruh*) durch.

§ 127. *x, h* ist geschwunden in den anlautenden Verbin-
dungen *xl, xr, xn, xₙ̃*, in der Verbindung *xs* und zwischen
Vokalen, z. B. *lóupₑ* (got. *hlaupan*) laufen, *ₒᵉⁱ.n* (andd.
hrêni) rein, *nūt* (ags. *hnutu*) Nuss, *vīt* (ags. *hwît*) weiss; *vāsₑ*
wachsen, *sᵉs* sechs; *sīn* sehen, *ti·n* zehn, *slón* (andd. *slahan*)
schlagen, *tᵧᵉ·i.l* (ahd. *dwahila*) Handtuch, *stô·l* (ahd. *stahal*)
Stahl, *nó·* nahe, nach, *nó·bₑₒ* Nachbar, *ₒⁱ·g.* Reh, *slᵉⁱ·g.*
Schlehe, *tₒónₑ* (ahd. *trahan*) Tränen.

II. Hauptgesetze für die Geschichte der Mundart.

A. Vokaldehnungen.

1. in offener Silbe.

§ 128. Die kurzen Vokale sind in offener Silbe gedehnt worden, und zwar $a > \bar{a}$; e $\ddot{e}$, $\ddot{o}$, $\ddot{\theta} > \acute{e}$, $\acute{o}$, $\acute{\theta}$ und $\breve{\imath}$, $\breve{u}$, $\breve{y} > \bar{\imath}$, $\bar{u}$, $\bar{y}$. Bei den kurzsilbigen Wörtern, die auf ursprüngliches p, t, k sowie auf l, m, n, r ausgehen, tritt der gedehnte Vokal aus den obliquen Kasus, wo er lautgesetzlich entstand, auch in den Nominativ.

Vor zwischen Vokalen geschwundenem d werden die gedehnten Vokale zu halblangen verkürzt (§ 147).

Anm. Ein Übergang von $\breve{\imath}$ und $\breve{u}$ in tonlanges e und o hat demnach in unserer Mundart nicht stattgefunden. Wenn sich nun trotzdem in mülheimer Urkunden für $\breve{\imath}$ und $\breve{u}$ in offener Silbe e und o geschrieben findet, so erklärt sich das einfach daraus, dass der Schreiber, dem keine Zeichen für langes offenes i und u zu Gebote standen, diese wie die akustisch nächststehenden Laute bezeichnete, und das waren tonlanges e und o. Dieselbe Erscheinung kann man übrigens heutzutage bei unbefangenen Transskriptionen häufig beobachten.

a.

§ 129. $a > \bar{a}$, z. B. $\bar{u}p\partial$ (mndd. *ape*) Affe, $f\bar{u}d\partial$ (mndd. *vader*) Vater, $h\bar{a}m\partial$ (mndd. *hamer*) Hammer, $k\bar{a}m\partial$ (mndd. *kamer*) Kammer, $l\bar{a}k\partial$ (mndd. *luken*) Laken, $l\bar{a}t\partial$ (mndd. *late*) spät, $\acute{s}m\bar{a}k\partial$ (mndd. *smaken*) schmecken, $\partial\bar{u}k\partial$ (mndd. *raken*) treffen, $x\bar{u}p\partial$ (mndd. *gapen*) gähnen, $\acute{s}\bar{a}m\partial$ (mndd. *schamen*) schämen, $b\bar{a}t\partial$ (mndd. *baten*) nützen, $\acute{s}\partial\bar{a}t\partial l\partial$ kreischen, $k\varphi\bar{u}$-$t\partial\partial\partial$ weinerlich klagen, $m\bar{u}{:}t$ (mndd. *maget*) Magd, $t\bar{a}{:}l$ (mndd. *tal*) Zahl, $\partial\bar{u}l$ (andd. *wala*) wohl, $\acute{s}t\bar{u}k\partial$ m. (mndd. *stake*) Stange, $\acute{s}t\bar{a}l\partial$ m. (mndd. *stale*) 1. Stuhlbein, 2. Muster, $f\bar{u}{:}\partial\partial$ (mndd. **fladern*) ausplaudern, $f\bar{u}t$ (mndd. *vat*) Fass, $n\bar{u}t$ (mndd. *nat*) nass, $d\bar{a}k$ (an. *þak*) m. n. Dach, $t\bar{u}m$ (mndd. *tam*) zahm, $x\bar{u}\partial$ (mndd. *gar*) gar. — Ferner $s\bar{a}t$ (andd. *sad*) satt. — $\bar{a}l$ alle, attributiv mit dem Artikel oder prädikativ gebraucht, dagegen $\grave{a}l\partial m\acute{o}l\partial$ alle.

Anm. Eine Ausnahme bildet ∂at n. (mndd. *gat*) Loch, dessen Plural jetzt ebenfalls kurzen Vokal hat, $\partial et\partial\partial$.

e.

§ 130. *e > é*, z. B. *bétₛ* (mndd. *beter*) besser, *é:stₛ*
(mhd. *egelster*) Elster, *kétₑl* (mndd. *ketel*) Kessel, *lépₑl* (mndd.
lepel) Löffel, *téγₑ* (mndd. *tegen*) gegen, *élₑ* (mndd. *ele*) Elle,
sₙéₒₑ (mndd. *sweren*) schwören, *bék* f. (mndd. *beke*) Bach,
sₒé:x (mhd. *schrege*) schräge, *sé:x* (mhd. *sege*) Säge, *mé:t*
Mägde, *slé:x* Schläge.

Anm. 1. *e* ist zu ī geworden in *dₑī:xs, dₑī:x, jī:xs, jī:x* 2. 3. Sg. Praes.
von *dₑāγₑ* tragen, *jāγₑ* jagen, sowie in *īzₑl* (andd. *esil*) Esel, zu letzterem
ist analog gebildet *Vīzₑl* Wesel.

Anm. 2. Ganz vereinzelt steht die Entwicklung des *e* zu *öy* in
köyxₑl (ahd. *kegil*) Kegel.

ë.

§ 131. *ë > é*, z. B. *kₒé:ftₑ* f. (mndd. *krevet*) Krebs,
békₛ (mndd. *beker*) Becher, *fē:ₓ.ₛ* (ahd. *fëdara*) Feder, *lē:ₑ.ₛ*
(ahd. *lëdar*) Leder, *lé:x* (mhd. *lëdic*) ledig, leer, *spₒékₑ* (mndd.
sprëken) sprechen, *lézₑ* (mndd. *lësen*) lesen, *tékₑ* (andd. *wika*, ahd.
wëhha) Woche, *lévₑ* (an. *lifa*, ahd. *lëbén*) leben, *mél* (mndd.
mël) Mehl, *zél* (mndd. *gël*) gelb, *sméₒₐx* (mndd. *smërich*)
schmierig.

ï.

§ 132. *ï > ī*, z. B. *sīvₑ* (andd. *sibun*) sieben, *nīγₑ* (andd.
nigun) neun, *vītₑ* (andd. *witan*) wissen, *spīlₑ* (andd. *spilón*)
spielen, *spīl* (mhd. *spil*) Spiel, *kₒīγₑl* (andd. *krigil) munter,
tī:f (mndd. *teve*) Mutterhund, *ₒītₑ* (mndd. *rete*) f. Ritze, *bīₒ*
(ahd. *bira*) Birne.

Anm. Kurz bleibt das *i* in *sip* Schiff, vielleicht in Anlehnung
an *sipₑₑ* Schiffer. Der Plural lautet regelmässig *sipₓ*.

ŏ.

§ 133. *ŏ > ó*, z. B. *bóvₑ* (andd. *bi ovan*) oben, *hózₑ* (ags.
hose) Strümpfe, *knókₑ* (mndd. *knoke*) Knochen, *kótₑ* m. (ags.
cote) Bauernhof, *pótₑ* (mndd. *poten*) pflanzen, *ólₑx* m. (andd.
olig) Öl, *ópₑ* (andd. *opan*) offen, *bó:m* (andd. *bodom*) Boden,
slót (mndd. *slot*) Thürschloss, *sót* n. (mndd. *schot*) Schublade,
dₒópₑ (mndd. *drope*) Tropfen.

ö.

§ 134. *ö > ó*, z. B. *zétₑ* Gosse, *slétₛ* Schlösser, *óvₛ* über.

ü.

§ 135. ŭ > ū, z. B. *dūʒ* (andd. *thuruh*) durch, *fūγ₂l* (andd. *fugal*) Vogel, *kūγ₂l* (mhd. *kugel*) Kugel, *sūn* (andd. *sunu*) Sohn, *xū:zdax* (mndd. *gudensdach, godensdach*) Mittwoch, *nūt* (ags. *hnutu*) Nuss.

Anm. Kurz geblieben ist *u* in *kum₂* (andd. *kuman*) kommen, vgl. FRANCK, Mndl. Gr. § 44.

ÿ.

§ 136. ў̆ > ў, z. B. *dÿʒ* (andd. *duri*) Thür, *ў₂l* (andd. *uðil*) übel, *kÿn₂x* (andd. *kuning*) König, *kÿk₂* (ags. *cycene*) Küche, *ślytₐl* (andd. *slutil*) Schlüssel, *flÿγ₂l* (mhd. *vlügel*) Flügel, *bₐÿγ₂l* m. Überbrückung, Steg, *śgt₂* m. Knicker, *bÿₐ* (an. *byrja*) heben, *Jÿ:t* (andd. *Judeo*) Jude. *bÿ:n* (mhd. *büne*) m. Boden, Speicher.

2. vor Konsonantenverbindungen, deren erster ausfiel.

a) vor r + Alveolar.

§ 137. Vor *r* + Alveolar sind die kurzen Vokale gedehnt worden, und zwar *a* > *ā*, *ĕ* und *e* > *ē*, *ŏ* > *ō*, *ö̆* > *ȫ*, *ŭ* (das bereits vorher nach § 172 zu *o* geworden war) > *ō*, *ў̆* > *o* > *ȫ*, worauf dann das *ₐ* allgemein ausfiel. Auch *ĭ* erfuhr vor *r* + Alveolar Dehnung, schlug aber, indem sich *ₐ* vokalisierte, einen anderen Weg der Entwicklung ein (§ 94).

a.

§ 138. *a* > *ā*, z. B. *āt* Art, *bāt* Bart, *xād₂* Garten, *xān* Garn, *kāt₂* Karte, *tāt₂* (frz. *tarte*) Torte, *āś* Arsch, *śφā:t* Schwarte, *Sā:n* Saarn, *Kā:l* Karl.

Anm. Kurz blieb das *a* in *hat* hart, *iᵪat* schwarz, *vat₂* Warze, *śpat₂l₂* (mndd. *spartelen*) zappeln, *púnas* (*harst* Braten) ein aus Wurstbrühe und Buchweizenmehl zusammengekochter Brei, *pòtas* Schlachteschüssel; in den beiden letzten Wörtern ist die Dehnung in nebentoniger Silbe unterblieben.

ĕ, e.

§ 139. *ĕ, e* > *ē*, z. B. *vēd₂* werden, *vēt* wert, *ē:t* Erde, *ēst₂* Gerste, *ślē:n* Stern, Stirn, *xē:n* gern, *ē:ns* ernst, *kē:n*

Kern, *hēt* Herd, *fẽš* Vers, *fẽšᵪ* Ferse, *kē:l* Kerl. — *pēt* Pferd, *fẽdᵪx* fertig.

Anm. Das Deminutiv von *pēt* lautet *patṣ̌*. Ebenso erscheint *a* in allen Zusammensetzungen von Pferd, z. B. *patṣftẽš* Pferdefleisch, *patska·ᵪ*. Pferdekarre, *patṣxlyk* Pferdeglück, grosses Glück (§ 171).

ŏ.

§ 140. *ŏ > ō*, z. B. *bōt* Bord, *ōt* ¹/₄ Liter, *vōt* Wort, *pūtᵪ* (andd. *porta*) Pforte, *dōn* Dorn, *hōn* Horn, *kōn* Korn, *kō:t* f. (mndd. *korde*) Kordel.

Anm. Kurz blieb das *o* in *fot* fort, *fodᵪᵪ* fordern, *odᵪᵪ* f. (frz. *ordre*) Auftrag, Befehl.

ŏ̈.

§ 141. *ŏ̈ > ō̈*, z. B. *vō̈:t* Worte, *dō̈:n* Dornen, *hēnᵪ̈* Hörner.

ŭ.

§ 142. *ŭ > o > ō*, z. B. *bōs* Brust, *dōs* Durst, *vōs* Wurst, *tōn* Turm, *būsᵪl* (mndd. *borstel*) Bürste, *kōstᵪ* Kruste.

Anm. Kurz blieb das *o* in *kot* kurz, *votᵪl* Wurzel, *ṣ́ótᵪ̣ldä̀:k* m. (mndd. *schorteldók*) Schürze, *hä̀vᵪ̣xótᵪ* (mndd. *gorte*) Hafergrütze.

ÿ̆.

§ 143. *ÿ̆ > θ > ō̈*, z. B. *tō̈:n* Türme.

b) vor *xs.*

§ 144. In der Verbindung *xs* ist das *x* unter Dehnung des vorhergehenden Vokals ausgefallen, z. B. *dās* Dachs, *flās* Flachs, *vās* Wachs, *vāsᵪ* wachsen; *sēs* sechs, *vēsᵪlᵪ* wechseln; *fós* Fuchs, *ósᵪ* Ochse.

3. vor *mb, mp, nd, nt, ld, lt.*

§ 145. Auch vor *mb, mp, nd, nt, ld, lt* haben die kurzen Vokale Dehnung erfahren, über die, da sie mit Diphthongierung verbunden ist, § 159 gehandelt wird.

4. vor stimmlosen Reibelauten.

§ 146. Weit jünger als die in den vorigen §§ besprochenen Dehnungen ist diejenige, welche die kurzen Vokale, sowohl die ursprünglich kurzen wie die erst sekundär aus alten

Längen und Diphthongen entstandenen (§ 156), vor den
stimmlosen Reibelauten *f*, *x*, *s*, *š* erfahren. Diese Dehnung
findet aber nur in stark durch den Akzent hervorgehobenen
Wörtern statt; sie ist deshalb in der bisherigen Darstellung
unberücksichtigt geblieben.

Am regelmässigsten tritt diese Dehnung ein, wenn auf
den Reibelaut ein Sonant folgt, z. B. *flēsᵌ* Flasche, *kẙsᵌ*
küssen, *tᴐēfᵌ* treffen, *lāxᵌ* lachen. In diesem Falle findet
die Dehnung sogar zuweilen statt, wenn keine starke Her-
vorhebung durch den Akzent vorliegt. — Ebenso findet sich
die Dehnung ziemlich durchgängig, wenn der Reibelaut
wortschliessend steht, z. B. *štōf* Staub, *šmāx* Hunger, *nīs*
Nest, *fīš* Fisch. Wird der auslautende Reibelaut im Satz-
zusammenhang stimmhaft, so unterbleibt die Dehnung, z. B.
sēx sage, aber *seɣᵉs* sage einmal. — Folgt auf den Reibe-
laut ein eine neue Silbe anlautender Konsonant, so kann
ebenfalls Dehnung eintreten, vielfach bleibt aber die Kürze
erhalten. Im Allgemeinen lässt sich sagen, dass, je stärker
ein Wort betont ist, um so mehr die Neigung zur Dehnung
sich geltend macht.

B. Vokalkürzungen.

1. vor folgendem Vokal.

§ 147. Sämtliche langen Vokale, sowohl die alten Längen
und Diphthongen entsprechenden wie die in offener Silbe
aus alten Kürzen entstandenen, werden vor einem unmittelbar
folgenden Vokal — in der Regel nach Ausfall eines inter-
vokalischen *d* vor ᵌ — halbkurz, die zirkumflektiert betonten
unter Aufgabe der Zirkumflexion.

Beispiele: 1. *ā > ö̇: > č̇*, z. B. *ᴅȯᵌ* raten, *bᴅȯ̇ᵌ* braten. *ē*
> *ī: > ï̇*, z. B. *mï̇ᵌ* mieten. *í > ï̇*, z. B. *ᴅ ï̇ᵌ* reiten, *čï̇ᵌ* Weiden.
ō > ū: > u̇, z. B. *blu̇ᵌ* bluten. *ȫ > ẏ: > ẏ̇*, z. B. *hẏ̇ᵌ* hüten.
ú > u̇, z. B. *lu̇ᵌ* lauten. *ẏ > ẏ̇*, z. B. *lẏ̇ᵌ* läuten. *ё̆ö > ī:*
> *ï̇*, z. B. *bï̇ᵌ* bieten. *ïü > ẏ > ẏ̇*, z. B. *bᵌdẏ̇ᵌ* bedeuten.

2. *a > ā > ȧ*, z. B. *bᵌstȧᵌ* (mndl. *bestaden*) heiraten, *tᴐȧᵌ*
(andd. **tradan*, **tradón*) treten. *ě̆ > é́ > ē̌*, z. B. *bē̌ᵌ* beten. *í >*

ĭ > ĭ̧, z. B. *s̄lĭ̧* Schlitten, *rĭ̧* ritten. *ŏ > ŏ > o*, z. B. *bŏ̧* boten. *ö̆ > ö̧ > ö̧*, z. B. *bö̧* böten. *y̆ > ȳ > ẏ̧*, z. B. *Ĵẏ̧* Juden.

§ 148. Wenn ein Vokal unmittelbar auf einen Diphthong folgt, so erscheint der zweite Komponent des letzteren überkurz (§§ 65, 73, 75, 80, 81, 156 ff.).

2. vor mehrfacher Konsonanz.

§ 149. Vor mehrfacher Konsonanz sind lange Vokale und Diphthonge vielfach verkürzt worden und zwar 1) vor ursprünglichem *xt, ft, nt*. 2) vor Verschlusslaut + Konsonant, unabhängig davon, ob letztere Verbindungen alt oder erst durch Synkope zusammengetreten waren. Auch vor anderen Verbindungen ist bisweilen Verkürzung eingetreten, die sich aber auf einzelne Fälle beschränkt; letztere werden im Folgenden an geeigneter Stelle angeführt. Im Übrigen vgl. die Formenlehre.

§ 150. Verkürzung vor *xt, ft, nt*. Beispiele: *lix* (andd. *lioht*) Licht, *lyxţ* (andd. *liuhtian*) leuchten, *lyxţʋ* Leuchter, Laterne, *lix* (got. *leihts*) leicht, *lixţ* f. Tragband, *uxţ* (andd. *ûhta*) Morgendämmerung, *fux* (andd. *fûht*) feucht, *dux* (andd. *thûhta*) deuchte, *sux* (andd. *sôhta*) suchte, *dax* (andd. *thâhta*) dachte, *kox* kaufte, *xlox* glaubte, *höxtit* Hochzeit; *fíftx̧x* (andd. *fiftig*) fünfzig; *tɥintx̧x* (andd. *twêntig*) zwanzig. Bei den Pluralformen der Verba *dūn* thun, *xón* gehen, *s̄tón* stehen, *s̄lón* schlagen, *sīn* sehen: *dunt, xont, s̄tont, s̄lont, sint* fragt es sich, wie weit sie Analogiebildungen zu *sĭnt*, dem Plural von *sīn* sein, sind. Verkürzung vor *st* in *dy̆stx̧* (andd. *thiustri*) düster, *fx̧obüstx̧t* verwirrt, *mus* (andd. *môsta*) musste; aber *fús* Faust, *mĕistx̧ʋ* Meister — doch *mistx̧ʋ* Schulmeister.

§ 151. Verkürzung vor Verschlusslaut + Konsonant. Beispiele: *kny̆ts* (mhd. *kriuz*) Kreuz, *xĭtsx̧x* (zu ags. *gîtsian*) geizig, *dy̆ts̄* (ahd. *diutisk*) deutsch, *tx̧xlīks* (zu andd. *gilîk*) zugleich, *xx̧ɵpuks* (zu *s̄pū:kx̧*) Gespenst, *bĕts* beide.

Insbesondere kommen hier noch folgende Klassen von Beispielen in Betracht:

1. die Deminutiva, z. B. *rūdx̧* Garten — *xatsx̧*, *pēt* Pferd — *patsx̧*, *mā:t* — *metsx̧* Mädchen, *fūt* Fass — *fetsx̧*,

šlö:p Schlaf — *šlepkə*, *bīt* — *bitśə* bisschen, *li:t* Lied — *litśə*, *knókə* Knochen — *knəkskə*, *kẏkə* Küche — *kykskə*, *koûkə* Krug — *koẏkskə*, *knöup* Knopf — *knòpkə*, *boû·g̣.t* Brot — *boětśə*; hierzu kommt noch *blü:m* Blume — *blymkə*, sowie *ə́fkəs* eben zu *ə́vəs*.

2. die mit dem Suffix *-də* (< *-itha*) gebildeten Substantiva, z. B. *boědə* Breite, *diptə* Tiefe, *roětə* Grösse, analog *höxtə* Höhe.

3. die mit einem unorganischen Suffix *-dəə* gebildeten Komparativa, z. B. *ṽīt* weit — *ṽīdəə*, *boəīt* breit — *boědəə*, *roû·g̣.t* gross — *roědəə*. In letzterem Beispiel ist die Assimilation des *t* an das *d* der Endung zu beachten. Dieselbe Verkürzung zeigen *klě·i.n* klein — *klindəə*, *rě·i.n* rein — *rindəə*.

4. Die 2. 3. Sg. Praes., z. B. *bítə* beissen — *bīt*, *ši:tə* schiessen — *šẏt*, *koûpə* kriechen — *koẏp*, *šló:pə* schlafen — *šlo:p*, *lö:tə* lassen — *lět*, *rü:pə* rufen — *rẏp*, *lŏupə* laufen — *lěp*, *štû·g̣.tə* stossen — *štět*, *flŏytə* flöten — *flět*, *dŏypə* taufen — *děp*. Diese Verkürzung tritt auch ein bei einigen Verben auf *l* und *n*, *bətūlə* bezahlen — *bətult*, *fẏ:lə* fühlen — *fylt*, *špẏ:lə* spülen — *špylt*, *špīlə* spielen — *špilt*, *di:nə* dienen — *di·n.t*, *līgnə* leihen — *lint*, *rūgnə* wohnen — *runt*.

5. Das Praet. und Verbaladj. schwacher Verba, z. B. *bātə* nützen — *badə* *xəbat*, *flŏytə* flöten — *flědə* *xəflět*, *dŏypə* taufen — *děptə* *xədöp*. Ebenso zeigen die unter 4 genannten Verba auf *l* und *n* in diesen Fällen Verkürzung, z. B. *bətaldə* *bətalt*, *rundə* *xərunt* u. s. w.

3. vor Fortis, bewirkt durch folgendes *r*, *l*, *γ*.

§ 152. 1. In manchen Fällen ist ein langer Vokal oder Diphthong, auf welchen eine Lenis folgte, dadurch verkürzt worden, dass ein *r*, *l* oder *γ* der folgenden Silbe die Lenis zur Fortis verschärfte, z. B. *lûtəə* (ags. *hlûtor*) lauter, *īzəə* (got. *eisarn*) Eisen, *Pítəə* Peter, *hunəə* (zu *hûn*) Hühner, *hŏγəə* (zu *hû·g̣.x*) höher, *hiləx* (andd. *hêlag*) heilig, *inəγə* (andd. *ênig*) einige, *ṽinəx* (ahd. *wênag*) wenig.

2. Aus demselben Grunde sind in einigen Wörtern die in offener Silbe gedehnten Vokale wieder verkürzt worden, wenn nicht vielmehr in diesen Fällen die Dehnung über-

haupt unterblieben ist, *butₔ* (ahd. *butera*) Butter, *dunₔ* (andd.
thunar) Donner, *sumₔ* (andd. *sumar*) Sommer, *erₔ* aber,
sölₔ (andd. *soleri*) Söller, *sytₔl* (an. *skutill*) Schüssel, *pₔedₔyₔ*
(ahd. *prëdigón*) predigen, *šebₔx* hässlich (vgl. ne. *shabby*).

4. vor einfacher Konsonanz.

§ 153. In einigen Wörtern ist ohne ersichtlichen Grund
i, *û* und *ȳ* verkürzt worden, *sĭt* (ags. *side*) Seite, *bŭk* (andd.
bûk) Bauch, *štŭkₔ* (andd. *stûkan*) stauchen, *xut* (andd. *gód*,
mndd. *gud*) *bȳˈl.* (mhd. *biule*) Beule, *bȳˈl.* (mhd. *biutel*) Beutel,
hȳlₔ (mhd. *hiulen*) heulen, *kȳlₔ* (mhd. *kiule*) Hodensack. Die
Kürzung des *i* in *mĭn* mein, *dĭn* dein, *sĭn* sein ging von
dem proklitischen Gebrauch dieser Formen aus.

C. Diphthongierungen.

§ 154. Die Diphthongierung von *é* (= wgerm. *aĭ*) > *iˈq.*,
ó (= wgerm. *aŭ*) > *ûˈq.*, *ö́* (= *i*-Umlaut von wgerm. *aŭ*) >
ȳˈq. ist bereits §§ 74, 77, 79 besprochen. Im Folgenden werden
die Diphthongierungen behandelt, welche die Vokale in ge-
wissen Stellungen und vor gewissen Konsonantenverbindungen
erfahren haben.

1. im Auslaut und vor *ₔ*.

§ 155. Im Auslaut und vor einem (nach Ausfall eines
ĭ, *ŭ* oder *h*) unmittelbar folgenden *ₔ* der Endung, sind
í, *û*, *ȳ* (*i*-Umlaut von wgerm. *û* oder = wgerm. *iŭ* oder
i-Umlaut von wgerm. *ō*) diphthongiert worden und zwar *i* >
ĭi, *û* > *uŭ*, *ȳ* > *yȳ*.

Anm. Dieses Gesetz hatte bereits ausgewirkt, als *d* zwischen
Vokalen schwand. Vgl. aber § 158 Anm. 3.

i.

§ 156. *i* > *ĭi*, z. B. *mĭi* mir, *dĭi* dir, *vĭi* wir, *zĭi* (andd.
gi) ihr, *bĭi* bei, *dₔĭi* (mhd. *dri*) drei. *blĭi* (mndl. *bli*) Blei,
bₔĭi (mndl. *bri*) Brei, *niˈi.* neu (< *nie*, *fₔĭi* (mndl. *vrî*) frei,
fₔĭjₔ (mndl. *vrijen*) freien, *špĭjₔ* (mndl. *spien*) speien, *šnĭjₔ*
(mndd. *snien*) schneien.

Anm. Statt *niˈi.* neu wird neuerdings vielfach das nach dem Hd.
neugebildete *nyˈȳ.* gebraucht.

u.

§ 157. *u* > *uŭ*, z. B. *nuŭ* (ahd. *nû*) nun, *duŭ* du, *tʀuŭ̯ʀ*
(andd. *trûôn*) trauen, vertrauen, *šuŭ̯ʀ* (mndl. *schûwen*) scheuen,
šuŭ (nndl. *schuw*) scheu, letztere beiden Beispiele mit altem
û aus ursprünglichem *iŭ*.

Anm. Eine andere Entwicklung zeigen *bɔy̯ʀ* (andd. *bûan*) bauen,
kɔy̯ʀ (mndl. *kûwen*) kauen, *bʀɔy̯ʀ* (mndl. *brûwen, brouwen*) brauen, *tʀɔy̯ʀ*
(mndd. *trûwen, trouwen*) heiraten. Vgl § 158 Anm. 1 u. 3.

ŷ.

§ 158. *ŷ* > *yy̆.* 1. *ŷ* < *i*-Umlaut von wgerm. *û*, z. B.
dyy̆ʀ (mhd. *diuhen*) drücken.

Anm. 1. Wie erklärt sich *klɔy̯ʀl* (mhd. *kliuwel*) Knäuel? Vgl.
Anm. 3 und § 157 Anm.

2. *ŷ* < wgerm. *iŭ*, z. B. *syy̆* (andd. *siu*) sie (stark betont),
tʀyy̆ (andd. *triuwi*) treu.

Anm. 2. *iŭ* ist frühseitig zu *û* geworden und erscheint daher
jetzt als *uŭ* in *uŭ* (andd. *iu*) euch.

3. *ŷ* < *i*-Umlaut von wgerm. *ô*, z. B. *blyy̆ʀ* (mndl. *bloeien*)
blühen, *ʀyy̆ʀ* (mndl. *roeien*) rudern, *šʀyy̆ʀ* (mndl. *schroeien*)
sengen, anbrennen, *ky·y̆.* (mndl. *koeie*) Kühe.

Anm. 3. Mit *bʀyy̆ʀ* (mndl. *broeien*) brühen ist *bʀyy̆ʀ* (mndl. *broeden*)
brüten zusammengefallen. Wie erklärt sich aber *bʀɔ·y.* (mndl. *broeie*)
Brühe? Vgl Anm. 1 und § 157 Anm.

2. vor *mb*, *mp*, *nd*, *nt*, *ld*, *lt*.

§ 159. Vor *mb*, *mp*, *nd*, *nt*, *ld*, *lt* sind die kurzen Vo-
kale gedehnt und weiterhin diphthongiert worden und zwar
a > *ɔu*, *e* > *ɛi*, (der *i*-Umlaut des aus *a* vor *ld*, *lt* entstan-
denen *ɔu* > *ɔy*), *ë* > *ɛi*, *i* > *iŭ*, *o* > *ŏu*, *ø* > *ŏy*, *u* > *uŭ*, *y* > *yy̆*. Diese
Diphthongierung fand früher statt als der Schwund des *b*
nach *m* und der des *d* nach *n* und *l*.

a.

§ 160. *a* > *ɔu*, z. B. *kɔump* (ahd. *kamb*) Kamm, *dɔump*
Dampf, *kʀɔump* Krampf, *lɔumpʀ* Lampe, *ɔunʀʀ* ander, *bɔunt*
Band, *hɔunt* Hand, *hɔunšʀ*, *hɔukʀ* Handschuh, *bʀɔunt* Brand,
lɔunt Land, *hɔunʀlʀ* handeln, *kɔuntʀ* Kante, *mɔ·u.n* f. (mndd.
mande) Korb, *pɔunt* Pfand, *sɔunt* Sand, *šɔ·u.n* Schande,

šmɔunt Schmand, Sahne, *vɔunt* Rand, *fɣɔitɔunt* Verstand,
tɔunt (mndl. *tant*) Zahn, *vɔunt* Wand, *zɣštɔunɣ* gestanden, *kɔunt*
kannte, *ɔult* alt, *ɔultɣɟšɣɔ* Althändler, *kɔult* kalt, *hɔulɣ* halten,
fɔulɣ falten, *zɣštɔult* Gestalt, *mɔult* Malz, *sɔult* Salz, *mɔulɣɔ*
Malter, *šmɔult* Schmalz. *ū* > *ɔu* in *nɔ·u.l* (mndl. *nålde*) Nadel.

Anm. 1. *tantɣ* Tante ist hd. Lehnwort.

Anm. 2. Vor *ns* trat Dehnung und Diphthongierung des *a* ein in
zɔ·u.s Gans, in dem dann später das *n* ausfiel (§ 97 und 164 Anm.). Es
entspricht dem ndl. schwach deklinierten *gans*. Auf dem Lande heisst
es noch *zɔuzɣn* im Plural, während man in der Stadt meist in Anlehnung
an das Hd. *zɔ·y.s* sagt.

e.

§ 161. *e* vor *mb, mp, nd, nt* > *ɛi*, z. B. *kɛimɣ* kämmen,
dɛimpɣ dämpfen, *ɛinɣɔɣ* ändern, *lɛinɣɔ* Länder, *pɛinɣ* pfänden,
hɛ·i.nɣɣ Händchen, *fɣɔštɛinɣx* verständig.

Anm. *entɣ* ist wohl hd. Lehnwort.

§ 162. Der *i*-Umlaut des *ɔu* (< *a* vor *ld, lt*) > *ɔy*, z. B.
ɔylɣɔ älter, *kɔylɣɔ* kälter, *hɔ·y.lt* hält, *zɣvɔylɣx* gewaltig.

ë.

§ 163. *ë* vor *ld, lt* > *ɛi*, z. B. *zɛilt* Geld, *fɛilt* Feld,
štɛiltɣ Stelzen, *šɛilɣ* schelten, *mɛ·i.l* f. Melde, *Špɛilɣɔɔp* Spel-
dorf (LACOMBLET I, 189 *Speldorpa*).

Anm. *mɛldɣ* ist hd. Lehnwort. — Eine andere Entwicklung zeigt
zilɣ (andd. *gëldan*) gelten.

ï.

§ 164. *i* > *ï*, z. B. *tïimpɣ* m. (mndd. *timpe*) Zipfel,
kɔïimpɣ (mndd. *krimpen*) einlaufen, sich zusammenziehen, *ïïmɣɔ*
Eimer (andd. *ëmbar*, dessen *ë* zunächst verkürzt und dann
zu *i* wurde), *bïïnɣ* binden, *fïïnɣ* finden, *blïïnt* blind, *kïïnt*
Kind, *vïïnt* Wind, *vïïntɣɔ* Winter, *bïïnɣl* m. (mndd. *bendel*)
Band, *ïïnt* m. (mndd. *ende*) Ende — in den beiden letzten Wörtern
war das *i* nach § 175 bereits aus *e* entstanden, als die Deh-
nung vor *nd* eintrat —, *vïïlt* wild, *šmïïltɣ* schmilzen, schmelzen.

Anm. 1. Vor *ns* trat Dehnung und Diphthongierung ein in *pïïstɣ*
Pfingsten und *dïïzdax* Dienstag (§ 97 und 160 Anm. 2).

Anm. 2. In *klymɣ* klimmen, klettern (ags. *climban*, mndd. *klemmen*)
hatte sich das *b* dem *m* bereits assimiliert, ehe die Dehnung vor *mb*
eintrat. — *bilt* Bild, *šilt* Schild sind jedenfalls hd. Lehnwörter.

ŏ.

§ 165. *ŏ* vor *ld*, *lt* > *ŏu*, z. B. *hŏult* Holz, *bŏultə* Bolzen,
vŏ·u.l wollte, *sŏ·u.l* sollte.

Anm. *zŏlt* Gold, *zŏldə* golden sind hd. Lehnwörter.

ĕ.

§ 166. *ĕ* vor *ld*, *lt* > *ĕy*, z. B. *hĕyltə* hölzern, *vĕ·y.l*, *sĕ·y.l*
Opt. zu *vŏ·u.l*, *sŏ·u.l*.

ŭ.

§ 167. *ŭ* > *uŭ*, z. B. *kruŭmpə* f. (mhd. *kumpf*) Schüssel,
kluŭmpə m. 1. Klumpen, 2. Holzschuh, *puŭmpə* Pumpe,
buŭnt bunt, *zruŭnt* Grund, *puŭnt* Pfund, *huŭnt* Hund,
huŭnənt hundert, *uŭnəʒ* unter, *bəsuŭnəs* besonders, *zəsuŭnt*
gesund, *štuŭnt* stand, *fuŭnt* fand, *vuŭnt* wund, *špuŭnt* Spund,
šuŭlt Schuld, *šuŭlʒə* Schulter, *zəduŭlt* Geduld.

Anm. *štu·n.t* Stunde ist hd. Lehnwort.

ÿ.

§ 168. *ÿ* > *yÿ*, z. B. *yÿnəʒ* unter, in Zusammensetzungen
wie *yÿnəʒbukšə* Unterhose, *yÿnəʒjakə* Unterjacke etc., *yÿnəstə*
unterste, *vyÿnəʒə* wundern, *šyÿləx* schuldig, *zədyÿləx* geduldig,
— ferner *fəyÿnt* Freund.

Anm. Vor *l* wird in diesen Wörtern statt *uŭ*, *yÿ* vielfach auch
ŏu und *ĕy* gesprochen.

D. Veränderungen der Vokale vor *r* und *r*-Verbindungen.

1. vor *r*.

§ 169. Vor *r* sind die weiten Vokale *ī:* (< *ē*, *ĕŏ*), *ū:*
(< *ō*), *ȳ:* (< *ē*) zu den engen *i:*, *u:*, *y:* geworden, die vor
silbenschliessendem *ʒ* als *i·ʒ.*, *u·ʒ.*, *ÿ·ʒ.* gesprochen werden,
(§ 10).

1. *ī:* (< *ē*) > *i:*, z. B. *hi:* (andd. *hér*) hier; das *r* ist später
abgefallen.

2. *ī:* (< *ĕŏ*) > *i:*, z. B. *di·ʒ.ʒ* Tier, *fi·ʒ.ʒ* vier, *šti·ʒ.ʒ* Stier,
bi·ʒ.ʒ Bier, *ni·ʒ.ʒ* Niere, *pi·ʒ.ʒ* f. (nndl. *pier*) Regenwurm.

3. *ū:* (< *ō*) > *u:*, z. B. *bəu·ʒ.ʒ* Bruder, *knu·ʒ.ʒ* Schnur, *fu·ʒ.ʒ*
Futter, *fu:ʒə* füttern.

4. *ŷ*: (< *ē̆*) > *ŷ*:, z. B. *mŷ·ą.ɔką* weibliches Kaninchen, *snŷ·ą.ɔką* Schnürchen.

§ 170. Der zweite Bestandteil der Diphthonge *i·ą.*, *u·ą.*, *ŷ·ą.* sinkt vor *ɔ* zum blossen Übergangslaut herab, der vor silbenschliessendem *ɔ* stets als *ą* erscheint, im Übrigen aber in der Regel nicht besonders hervortritt, z. B. *i·ą.ɔ* Ehre, *i·ą.ɔ* eher, *li·ą.ɔ* Lehre, *ki·ą.ɔ* (ahd. *kéra*) Mal, *mi·ą.ɔ* mehr, *si·ą.ɔ* Schere; *pastú·ą.ɔ* Pastor, *vú·ą.ɔ* war; *klŷ·ą.ɔ* Farbe, *rŷ·ą.ɔ* wäre.

2. vor r-Verbindungen.

§ 171. Während in den in § 139 angeführten Wörtern *ě* vor *r* + Alveolar zu *ē* gedehnt worden ist, ist es in den nicht von der Dehnung betroffenen Wörtern zu *a* geworden, z. B. *hatą* Herz, *stat* Sterz, Schwanz, *běkstàtsą* n. Bachstelze, -*vats* -wärts, *Vadą* (*Werthina*) Werden, *tɣas* quer, *bastą* bersten, *vátsûs* Wirtshaus (wenig mehr gebräuchlich), *kázbi·ɔ* (mhd. *kërsebër*) Stachelbere, *dašą* dreschen, *patšą* Pferdchen, dagegen *pēt* Pferd; ferner *datąx* (andd. *thrítig*, LACOMBLET III, 302 *dartich*) dreissig; *ě* vor *rr* (< *rй̆*) > *a* in *ta·ɔ*. (me. *terre*) Teer, *taɔ̨* teeren.

§ 172. *й̆* vor *rr* und *r* + Kons. > *o*, z. B. *poɔ̨* (mndd. *purren*) stochern, *soɔ̨* (mndd. *schurren*) schurren, *snoɔ̨* schnurren, *knoɔ̨* knurren, *knoɔ̨x* knurrig, *voɔ̨* (mndd. **wurren*) verwirren, *vo·ɔ*. Wirre; weitere Beispiele, in denen vor *r* + Alveolar Dehnung eingetreten ist, siehe § 142.

Anm. Ausgenommen ist *tuɔ̨* (mndd. *turren*) surrend fliegen.

§ 173. *ŷ* vor *rr* und *r* + Kons. > *ө*, z. B. *dө·ɔ*. dürre, *plɵɔ̨* f. pl. (WOESTE *plurren*) Lumpen, *dɵvɔ̨* dürfen, *dɵvpˌl* m. Schwelle (§ 143).

E. Einwirkung der Nasale auf vorhergehendes e.

§ 174. Wie im Mndd. und Mndl. ist in unserer Mundart *e* vor *n*, *ŋ* + Konsonant zu *i* geworden, z. B. *minš* (mndl. *minsche*) Mensch, *sintąɔ* (mndl. *sinte*) Sankt, *diŋką* (mndl. *dinken*) denken, *i·ŋ.* (mndl. *inghe*) enge, *iŋ̨l* (mndl. *inghel*) Engel, *miŋą* (mndl. *minghen*) mengen, *hi·ŋ.s* (mndd.

hingest) Hengst, *iŋkₐls* (mndl. *inkel*) Dinte, *iŋkₐl* m. (mndd. *enkel*) Fussknöchel, *hiŋkₐman* m. Henkelgefäss; ebenso *ë* > *i* in *finstₐɔ* (mndd. *vinster*) Fenster.

Vor *nn* trat dieser Übergang nicht ein, z. B. *kenₐ* kennen, *xₐcenₐ* gewöhnen — nach letzterem richtete sich *xₐvendₐ* Gewohnheit —, ferner nicht in *pens* m. Wanst, *pɔeŋₐl* m. Knüttel, *ʃφeŋₐl* Schwengel.

Anm. *ʃeŋkₐ* schenken ist hd. Lehnwort.

F. Labialisierung.

§ 175. *ī* vor *m* > *y*, z. B. *ym* ihm, *klymₐ* klettern, *ʃymₐl* Schimmel, *nymp* nimmt; ebenso das aus wgerm. *ëö* entstandene *i*, z. B. *ymₐs* jemand, *nymₐs* niemand, *ymₐɔ* immer.

Anm. *ʃtïm.* Stimme, *himₐl* sind jedenfalls hd. Lehnwörter.

§ 176. Vor anderen Konsonanten findet Labialisierung nur in beschränktem Masse statt: *ȳɔ* ihr kann sich nach *ym* ihm gerichtet haben, *bys* bist, *ys* ist, *bys* bis (hd. Lehnwort), *yl* es, auf ein weibliches Wesen bezogen, *xy·n.* dort, *xynsït* jenseits, *fë·l.* viel, wenn hier nicht vielleicht eine andere Form zu Grunde liegt. Auffällig ist der Übergang des *ï* > *ŏ* in *vŏs* willst.

G. Metathesis.

§ 177. Abgesehen von *nɔ·u.l* (got. *néþla*, mndl. *nálde*) Nadel, findet sich Metathesis nur bei *r*. Beispiele sind: *bŏs* (mndl. *borst*) Brust, *kūstₐ* (mndd. *korste*) Kruste, *bastₐ* (mndl. *bersten*, mhd. *bresten*) bersten, *dašₐ* (mndl. *derschen*) dreschen, *datₐx* (mndl. *dertich*, andd. *thritig*) dreissig, sowie einige Ortsnamen auf -dorf, z. B. *Špeilₐɔŏp* Speldorf, *Bŏtɔŏp, Kustɔŏp*.

III. Relative Zeitfolge der Lautgesetze.*)

§ 178. $\acute{y}\cdot q. < a\breve{u}[\check{\imath}]$ setzt die Monophthongierung von wgerm. $a\breve{u}$ zu $\acute{o}$ (§ 77) voraus. Da nun wgerm. $\bar{o}$, $\bar{o}[\check{\imath}]$ zu $\bar{u}{:}$, $\bar{y}{:}$ (z. B. $bl\bar{u}{:}t$ Blut, $s\bar{y}{:}t$ süss, § 68 f.), wgerm. $a\breve{u}$, $a\breve{u}[\check{\imath}]$ aber zu $\acute{u}\cdot q.$, $\acute{y}\cdot q.$, (z. B. $x\eth\acute{u}\cdot q.t$ gross, $bl\acute{y}\cdot q.t$ blöde, § 77, 79) geworden ist, so kann zur Zeit der Diphthongierung von $\acute{o}$, $\acute{o}$ zu $\acute{u}\cdot q.$, $\acute{y}\cdot q.$ wgerm. $\bar{o}$, $\bar{o}[\check{\imath}]$ nicht mehr $\acute{o}$, $\acute{o}[\check{\imath}]$, sondern muss weiter nach $\bar{u}{:}$, $\bar{y}{:}$ hin entwickelt gewesen sein. Folglich:

1. Wgerm. $\bar{o} > \bar{u}{:}$ | 1. Wgerm. $a\breve{u} > \bar{o}$
2. $\bar{u}{:}[\check{\imath}] > \bar{y}{:}$ | 2. $\bar{o} > \acute{o}$, $\bar{o}[\check{\imath}] > \acute{o}$
3. $\acute{o} > \acute{u}\cdot q.$, $\acute{o} > \acute{y}\cdot q.$

§ 179. Da einerseits wgerm. $\bar{e}$ sich zu $\check{\imath}{:}$ (z. B. $k\check{\imath}{:}n$ Kien, § 66) entwickelt hat, andrerseits der aus wgerm. $a\check{\imath}$ kontrahierte Monophthong (z. B. $f\check{\imath}\cdot q.$ Vieh, § 74 Anm. 1a.)

---

*) Zu den folgenden Zusammenstellungen sei Folgendes bemerkt:

1. Spontane zirkumflektierte Betonung (§ 15) ist nur bei den heute gesprochenen Lauten bezeichnet, weil nicht zu beweisen ist, zu welcher Zeit dieselbe eingetreten ist. Ich glaube allerdings, dass sie bereits in gemeingermanischer Zeit vorhanden war.

2. Wenn zwei verschiedene Lautgesetze mit derselben Ziffer bezeichnet sind, so soll damit nicht etwa gesagt sein, dass beide gleichzeitig auftraten, sondern nur, dass sie später als das durch die voraufgehende und früher als das durch die folgende Ziffer bezeichnete Lautgesetz wirksam waren.

3. Wenn angegeben ist $x > y$, so soll damit nur gesagt sein, dass in jener Zeit x sich nach y hin entwickelte, ohne dass es desshalb den Endpunkt y schon erreicht zu haben brauchte. Nur der Anfang der bezeichneten Lautgesetze ist also in eine chronologische Ordnung gebracht.

4. Die Bezeichnungen a, b geben die relative Zeitfolge der unter derselben Ziffer angeführten Lautgesetze an.

5. In § 186 ergiebt sich die in Klammer stehende Ziffer aus allgemeiner sprachgeschichtlicher Wahrscheinlichkeit; die nachstehende Ziffer ist die durch Kombination zu erschliessende. $(y).x{-}z$ bedeutet, dass y die wahrscheinliche, $x{-}z$ die sicher bestimmbare Zeit ist. $'y'x{-}z$ bedeutet, dass $y{-}z$ die wahrscheinliche, $x{-}z$ die sicher bestimmbare Zeit ist.

und der *i*-Umlaut von wgerm. *ā* nach Hartgaumenlauten
(z. B. *kīₐs* Käse, § 63) in dem Diphthong *i͡a* zusammen-
gefallen sind, der *i*-Umlaut von wgerm. *ā* in anderen Fällen
aber zu *ė͞*: (z. B. *fė͞:lₐ* fehlen, § 64) geworden ist, so er-
giebt sich:

1. *ē* > *ī*:	1. Wg. *aĭ* > *ē*	1. Wg. *ā[i]* > *ē*	1—2. Schwund des *h* zwischen Vokalen.
2. *ē* > *ė*	2. *ē* > *ē*	2. *ē* nach Hart-gaumenkons. > *ė*	Wg. *ēhē* > *ė*. Wg. *aha* > *ā*.
3. *ė* > *i͡a*	3. *ē* > *ė*:		

§ 180. Als die Verkürzung vor *zt*, *ft* (§ 150) eintrat,
hatte sich bereits wgerm. *ō* zu *ū*: (§ 68), wgerm. *aŭ* zu *ou*
(§ 70), wgerm. *iŭ* zu *y̆* (§ 83), aber noch nicht wgerm. *ā*
nach *o*: hin (§ 60) entwickelt, daher *suz* suchte, *koz* kaufte,
lyztₐ leuchten, aber *daz* dachte. Folglich:

1. Wgerm. *ō* > *ū*: 1. Wgerm. *aŭ* > *ou* | 1. Wgerm. *iŭ* > *y̆*
2. Verkürzung vor *zt*, (*ft*)
3. *ā* > *ɔ̄*

An m. Da die Verkürzung sowohl vor *zt* wie vor *ft* eintrat, so
ist nicht auszumachen, ob zur Zeit als diese Verkürzung stattfand, *ft*
bereits zu *zt* geworden war.

§ 181. Wgerm. *ā* muss bereits einen dunkleren, nach *ō*
hinneigenden Klang gehabt haben, als die Dehnung kurzer
Vokale in offener Silbe (§ 128 ff.) und vor *r* + Alveolar
(§ 137 ff.) stattfand. Dies beweisen Beispiele wie *āpₐ* Affe,
bāt Bart gegenüber *dɔ́ó:t* Draht. Hingegen bestand aller
Wahrscheinlichkeit nach noch *ā*, als *h* zwischen Vokalen
ausfiel, weil das aus *aha* kontrahierte *ā* sich ebenso wie
wgerm. *ā* entwickelt hat, vgl. *štó:l* Stahl (§ 60). Folglich:

1. Schwund des *h* zwischen Vokalen.
2. *ā* > *ɔ̄*
3. Dehnung in offener Silbe | 3. Dehnung vor *r* + Alveolar.

§ 182. Als die Dehnung und Diphthongierung kurzer
Vokale vor *mb*, *mp*, *nd*, *nt*, *ld*, *lt* stattfand (§ 159), war
wgerm. *e* bereits vor Nasalverbindungen zu *i* geworden (§ 174),
daher z. B. *biŋₑl* Band. Desgleichen war in *Nadel* bereits

Metathesis eingetreten (§ 177). Nach der Diphthongierung
fiel zunächst das inlautende *b* und *d* in diesen Verbindungen
aus (§ 113, 2), dann erst wurde das auslautende *e* apoko-
piert, wobei die Stammsilbe zirkumflektierte Betonung er-
hielt (§ 12); daher z. B. *šʲu.n* Schande. Folglich:

1. *e* vor Nasalverbindungen > *i* | 1. Metathesis des *l* in 'Nadel'
2. Dehnung } vor *mb, mp, nd, nt, ld, lt*
3. Diphthongierung }
4. -*mb*- > -*m*-, -*nd*- > -*n*-, -*ld*- > -*l*-
5. Apokope des auslautenden *e*

§ 183. Der Ausfall des *n* vor *s* (§ 97) fand erst statt,
nachdem die Dehnung und Diphthongierung vor *ns* (§ 160
Anm. 2. § 164 Anm. 1) eingetreten war. Folglich:

1. Dehnung } vor *mb, mp, nd, nt, ns, ld, lt*
2. Diphthongierung }
3. Schwund des *n* vor *s*

§ 184. Die kurzen Vokale in offener Silbe waren
bereits gedehnt worden (§ 128 ff.), als die Apokope des aus-
lautenden *e* stattfand; erst nach letzterer fiel das *d* zwischen
Vokalen aus (§ 113, 1); daher z. B. *sē:x* Säge, *mȳ:t* müde.
Später als die Apokope ist ferner der Abfall des auslauten-
den *t* (§ 110) anzusetzen; daher z. B. *kox* kaufte. Folglich:

1. Dehnung in offener Silbe
2. Apokope des auslautenden *e*
3. Ausfall des *d* zwischen Vokalen | 3. Abfall des auslautenden *t*

§ 185. Wgerm. *ŭ* und *ȳ* waren bereits vor *ə*-Verbin-
dungen zu *o* und *ē* geworden (§ 172. 173), als die Dehnung
vor *ə* + Alveolar und der Schwund des *ə* (§ 137) eintrat;
daher z. B. *bōs* Brust, *tē:n* Türme. Wie ersteres Beispiel
beweist, hatte die Metathesis des *ə* (§ 177) noch früher statt-
gefunden. Folglich:

1. Metathesis des *ə*
2. Wgerm. *ŭ, ȳ* vor *ə*-Verbindungen > *o, ē*
3. Dehnung vor *ə* + Alveolar
4. Schwund des *ə* vor Alveolaren.

§ 186. Wenn man die in § 178—185 gewonnenen relativen Zeitfolge der

1. Wg. ō > ū̆:, z. B. *sōxte > *sūxte suchte, *mōdī > *mūdī müde.

1. Wg. ē > ī:, z. B. *kēn > kīːn Kien.

1. Wg. aŭ vor Alv., h und im Ausl. > ō. z. B. *haŭx > *hóx hoch, *blaŭdī > *blōdī blöde.

1. Wg. aĭ vor w, h, r und im Ausl. > ē, z. B. *raĭx > *rēx Reh.

2. ū umgelautet > ȳ, z. B. *mūdī >* mȳde müde.

2. ō > ó, z. B. *hōx > *hóx hoch.

2. ō umgelautet > ó, z. B. *blŏdī > *blŏ́de blöde.

2. ē > é, z. B. *rēx > *réx Reh.

2—3. ī > ē, z. B. *fēlen > *fēlen fehlen.

3. Kürzung vor xt (ft), z. B. *sūxte > *suxte suchte, *kōufte > *koxte kaufte, *lȳxter > lyxtṛ Leuchter, *dūxte > *daxte dachte.

4. ā > ō, z. B. *stāl > *stōl Stahl.

5. Dehnung in offener Silbe, z. B. *ape > āpə Affe, *bēden > béden beten.

(3) 1—5a. Wg. e vor Nasalverbindungen > i, z. B. *bendel > *bindel Band.

(3) 1—5b. Dehnung vor mb, mp, nd, nt, ns, ld, lt, z. B. *bindel > *būndel Band, *nālde > *nɔulde Nadel, *gans > *gɔuns Gans.

(3) 1—5c. Diphthongierung

(3) 1—5d. -mb- > -m-, -nd- > -n-, -ld- > -l-, z. B. būndel, > būnl Band, *nɔulde > *nɔule Nadel.

6. Apokope des auslautenden e, z. B. *mȳde > mȳːt müde, *blōde > blyˑa.t blöde, *cēse > kĭˑa.s Käse, *koxte > *koxt kaufte, *suxte suchte, *daxte > *daxt dachte, *nɔule > nɔˑu.l Nadel.

7. Schwund des d zwischen Vokalen, z. B. *bēden > *bēen beten.

8. Schwund des r vor Alveolaren, z. B. *ūrdix > ādₑx artig, *bōrst > bōˑə Brust.

Ergebnisse kombiniert, so erhält man das folgende Bild der bestimmbaren Lautgesetze:

| 1. Wg. ā umgelautet > ē, z. B. *kāsi > *cēsi Käse. 2. ē nach Hartgaumenkons. > ö, z. B. *cēsi > *cöse Käse. | 1—2. Wg. aŭ > ŏu, z. B. *kaŭfte > *kŏufte kaufte. | 1—2. Wg. aĭ > ēi, z. B. *daïl > dëil Teil. | 1—2. Wg. ĭŭ > ў́, z. B. *liŭxter > *lўxter Leuchter. | 1—3. Schwund des h zwischen Vokalen, z. B. *fēhe >*fē Vieh, *stahal >*stāl Stahl. | 1—7a. Metathesis des r, z. B. *brust > *burst Brust. |
| (3) 1 — 5b. Metathesis in Nadel. (3) 1—5d. Schwund des n vor s, z. B. *gɔuns > *xɔ·u·s Gans. 7—8. Abfall des auslautenden t, z. B. *koxt > kox kaufte, *suxt > sux suchte, *daxt > dax dachte, *börst > būs Brust. | | 3—8. ŏ > ŭ·a., ö̆ > ў̆·a., ē̆ > ï̯̆·a., z. B. *hŏx > hŭ·ax hoch, *blö̆de > blў̆·a.t blöde, *cēse > kï̯̆·a.s Käse, *rēx > ïï̯·a. Reh, *fē > fï̯·a. Vieh. | 3—8. ē > ē., z. B. *fē:len > fēlen fehlen. | | (3) 1—7b. Wg. ŭ, ў vor r-Verbindungen > o, ō, z. B. *burst > *borst Brust, *tyrne > *tornе Türme. 5). 4—7c. Dehnung vor r + Alv., z. B. *borst > *bōrst Brust, *torne > *tārne Türme. |

IV. Übersicht der Entsprechungen.

§ 187. In der folgenden Übersicht sind die zirkumflektierten Laute nur insoweit berücksichtigt, als sie das Ergebnis spontanen Lautwandels sind (§ 15). Die zirkumflektierten Diphthonge mit $ą$ als zweitem Komponenten, die aus zirkumflektierten langen Vokalen vor $ʒ$ in geschlossener Silbe entstehen (§ 10), sind unter letzteren miteinbegriffen. Ein Sternchen bedeutet, dass keine lautgesetzliche Entwicklung, sondern Analogiebildung vorliegt.

1. Die kurzen Vokale.

Mülb. $a <$ 1) wgerm. a in geschlossener Silbe, § 38.

　　　2)　　„　　$a + r$ vor Alveolaren, § 138 Anm.

　　　3)　　„　　$\ddot{e} + r$ vor Alveolaren, § 171.

　　　4)　　„　　$\ddot{e}$ vor rr ($< r\ddot{u}$), § 171.

　　　5)　　„　　$\bar{a}$ verkürzt, § 150.

　　$e <$ 1)　　„　　e in geschlossener Silbe, § 40.

　　　2)　　„　　$\ddot{e}$ in geschlossener Silbe, § 42.

　　　3)　　„　　i, § 44 Anm.

　　$\breve{e} <$ 1)　　„　　$a\ddot{i}$ verkürzt, § 151.

　　　2)　　„　　$\acute{e}$ ($< \ddot{e}$ in offener Silbe) verkürzt, § 151.

　　$i <$ 1)　　„　　i in geschlossener Silbe, § 44.

　　　2)　　„　　$\ddot{e}$, § 42 Anm.

　　　3)　　„　　e, $\ddot{e}$ vor $n +$ Kons., § 174.

　　　4)　　„　　i verkürzt, § 150.

　　　5)　　„　　$\ddot{e}\ddot{o}$ verkürzt, § 150, 151.

　　　6)　　„　　$a\ddot{i}$ verkürzt, § 150, 151, 152.

　　$\bar{i} <$ 1)　　„　　i in geschlossener Silbe, § 45.

　　　2)　　„　　i verkürzt, § 150, 151, 152, 153.

Mülh. *o* < 1) wgerm. ŏ in geschlossener Silbe, § 47.

2) „ *ŭ* vor *r* + Konsonant, § 172.

3) „ ŏ + *r* vor Alveolaren, § 140 Anm.

4) „ *ŭ* + *r* vor Alveolaren, § 142 Anm.

5) „ *a*, § 38 Anm.

6) „ *aŭ* verkürzt, § 150.

7) „ *ā* verkürzt, § 150.

e < 1) „ ĕ in geschlossener Silbe, § 50.

2) „ *ў* vor *r* + Konsonant, § 173.

*3) „ Umlaut von *ā* verkürzt, § 151.

ŏ < 1) „ ŏ in geschl. Silbe vor *l, p, t, s*, § 48.

2) „ *ŭ* in geschl. Silbe vor *l, p, t*, § 55.

3) „ *aŭ* verkürzt, § 150.

ĕ < 1) „ ĕ in geschlossener Silbe vor *l, p, t*, § 51.

2) „ *ў* in geschl. Silbe vor *l, p, t*, § 58.

3) „ Umlaut von *aŭ* verkürzt, § 151.

*4) „ Umlaut von *ā* verkürzt, § 151.

u < 1) „ *ŭ* in geschlossener Silbe, § 53.

2) „ *ū* verkürzt, § 150.

3) „ *ō* verkürzt, § 150, 152, 153.

y < 1) „ *ў* in geschlossener Silbe, § 57.

2) „ *ĭ* vor *m*, § 175.

3) „ *ĕŭ* vor *m*, § 175.

4) „ ĕ verkürzt, § 151.

5) „ *iŭ* verkürzt, § 150, 151.

u < 1) „ *ŭ* in geschlossener Silbe, § 54.

2) „ *ū* verkürzt, § 152, 153.

ў < 1) „ *ў* in geschlossener Silbe, § 57.

2) „ *ý* verkürzt, § 151.

3) „ *iŭ* verkürzt, § 151, 152.

2. Die langen Vokale.

Mülh. *ā* < 1) wgerm. *a* in offener Silbe, § 129.

2) „ *a* + *r* vor Alveolaren, § 138.

3) „ *a* vor *hs*, § 144.

ā: < „ *ā* in Fremdwörtern, § 59 Anm.

Mülh. ē < 1) wgerm. ë, e + r vor Alveolaren, 139.

	2)	„	ë vor *hs*, § 144.
é <	1)	„	e in offener Silbe, § 130.
	2)	„	ë in offener Silbe, § 131.
	3)	„	*eji*, § 125.
ê: <		„	Umlaut von ā, § 63.
i <	1)	„	ĭ in offener Silbe, § 132.
	2)	„	e in offener Silbe, § 130 Anm.
	*3)	„	aĭ, § 73 Anm. 1.
	4)	„	aĭ vor *r*, § 74.
	5)	„	ëha, § 127.
ī: <	1)	„	ē, § 66.
	2)	„	ëö, § 82.
	3)	„	ëhŭ, § 82.
i <		„	ī, § 67.
ī: <	1)	„	ē vor *r*, § 169.
	2)	„	ëö vor *r*, § 169.
ó <	1)	„	ŏ + r vor Alveolaren, § 140.
	2)	„	ŭ + r vor Alveolaren, § 142.
o <	1)	„	ë + r vor Alveolaren, § 141.
	2)	„	ÿ + r vor Alveolaren, § 143.
ó <	1)	„	ŏ in offener Silbe, § 133.
	2)	„	ŏ vor *hs*, § 144.
	*3)	„	ā, § 60 Anm. 1.
ó: <	1)	„	ā, § 60.
	2)	„	ā in Fremdwörtern, § 60 Anm. 2.
	3)	„	a, § 60 Anm. 2.
ó <		„	ë in offener Silbe, § 134.
é: < •		„	Umlaut von ā, § 64.
ū <	1)	„	ŭ in offener Silbe, § 135.
	2)	„	ō, § 68.
ū: <		„	ō, § 68.
ÿ <	1)	„	ÿ in offener Silbe, § 136.
	2)	„	ë, § 69.
	3)	„	Umlaut von aü vor *r*, § 79.
ÿ: <		„	ë, § 69.
u <		„	ū, § 70.

Mülb. *û*: < wgerm. *ô* vor *r*, § 169, 3.

 ŷ < 1)   „ *ĝ*, § 71.

   2)   „ *ïú*, § 83.

 ŷ: <   „ *ê* vor *r*, § 169, 4.

3. Die Diphthonge.

Mülb. *ei* < 1) wgerm. *āį*, § 65.

  2) „ *aîī*, § 75.

  3) „ *e* vor *mb*, *mp*, *nd*, *nt*, § 161.

  4) „ *ĕ* vor *ld*, *lt*, § 163.

 ɔu < 1) „ *āŭ*, § 61.

  2) „ *aŭĭ*, § 80.

  3) „ *a* vor *mb*, *mp*, *nd*, *nt*, *ld*, *lt*, § 160.

  4) „ *û(ŭ)*, § 157 Anm.

  5) „ *ïú(ŭ)*, § 157 Anm.

 ɔy < 1) „ Umlaut von *āŭ*, § 61.

  2) „ Umlaut von *aŭĭ*, § 81.

  *3) „ Umlaut von *a* vor *ld*, *lt*, § 162.

  4) „ Umlaut von *ïú(ŭ)*, § 158 Anm. 1.

  5) „ *ê*, § 158 Anm. 3.

 ei < 1) „ *aĭ*, § 73.

  2) „ *ajĭ*, *ahĭ*, § 73.

 ðu < 1) „ *aŭ*, § 76.

  2) „ *ð* vor *ld*, *lt*, § 165.

 ėy < 1) „ Umlaut von *aŭ*, § 78.

  2) „ *ĕ* vor *ld*, *lt*, § 166.

  3) „ *e* in offener Silbe, § 130 Anm. 2.

 ïi < 1) „ *i* im Auslaut und vor folg. *ʒ*, § 156.

  2) „ *ĭ* vor *mb*, *mp*, *nd*, *nt*, *ld*, *lt*, § 164.

  3) „ *e* vor *nd*, § 164.

  4) „ *aĭ* vor *mb*, § 164.

 uŭ < 1) „ *û* im Auslaut und vor folg. *ʒ*, § 157.

  2) „ *ĭŭ*, § 157.

  3) „ *ŭ* vor *mb*, *mp*, *nd*, *nt*, *ld*, *lt*, § 167.

Mülh. y y̆ < 1) wgerm. y̆ im Auslaut und vor folg. ʀ, § 158.

       2)   „   ŭi, § 158, 2.

       3)   „   ė, § 158, 3.

       4)   „   e(d), § 158 Anm. 3.

       5)   „   y̆ vor mb, mp, nd, nt, ld, lt, § 168.

       6)   ..   ïŭ vor nd, § 168.

   i·ɋ. < 1)   „   ai = ahd. ė, § 74.

       2)   „   ëhë, § 74 Anm. 1 a).

       3)   „   Umlaut von ā, § 63.

       4)   ..   e + r, ĕŏ + r vor Alveolar, § 94.

   u·ɋ. < 1)   „   aŭ = ahd. ó, § 77.

       2)   ..   ā, § 62.

       3)   „   ō, § 77 Anm.

   ẏ·ɋ. < 1)   „   Umlaut von aŭ, § 79.

     *2)   „   Umlaut von ā, § 62.

4. Die Konsonanten.

Mülh. ð <   wgerm. r, § 92.

    l <   „   l, § 90.

    m < 1)   „   m, § 95.

       2)   „   β, § 102 Anm. 2.

    n < 1)   „   n, § 96.

       2)   ..   r, § 92 Anm.

    η < 1)   „   η, § 99.

       2)   „   m + g, § 95 Anm. 2.

    p < 1)   „   p, § 100.

       2)   „   bb im Auslaut und vor Kons., § 102.

    b < 1)   „   b im Anlaut, § 101.

       2)   „   bb im Inlaut, § 102.

    φ <   „   u̯ in ϑu̯, ku̯, su̯, § 86.

    f < 1)   „   f, § 106.

       2)   „   β im Auslaut, § 105.

       3)   „   u̯ vor l, r, § 87.

       4)   „   u̯ im Auslaut, § 89.

       5)   „   u̯ im Anlaut, § 89 Anm.

Mülh. $v <$ 1) wgerm. $\breve{u}$ im Anlaut, § 89.

   2)   „ $\breve{u}$ im Inlaut, § 88 Anm.

   3)   „ β im Inlaut, § 104.

   4)   „ f im Inlaut, § 106.

   5)   „ bb im Inlaut, § 102.

$t <$ 1)   „ t, § 108.

   2)   „ ϑ in ϑu, § 111.

   3)   „ $\vartheta\vartheta$, § 111.

   4)   „ d, ϑ im Auslaut, § 115.

$d <$ 1)   „ d, ϑ im Anlaut, § 112.

   2)   „ d, ϑ im Inlaut, § 113 Anm., § 114.

   3)   „ dd, § 114.

$s <$ 1)   „ s, § 116.

   2)   „   anl. ts in Fremdwörtern, § 108 Anm. 2.

$z <$ „ s zwischen Vokalen und inlautend nach l, n, m, § 117.

$\acute{s} <$ 1)   „ sk, § 118.

   2)   „ s in sl, sr, sm, sn, sp, st, su, § 119, 1.

   3)   „ s nach r, § 119, 2.

$\check{i} <$ „ $\check{i}$, § 65 Anm. 1.

$j <$ „ $\check{i}$ vor Weichgaumenvokalen, § 85.

$k <$ 1)   „ k, § 121.

   2)   „ gg im Auslaut, § 122.

   3)   „ ηg, § 123.

$x <$ 1)   „ γ im Anlaut, § 124.

   2)   „ γ im Inlaut, § 124 Anm. 2.

   3)   „ j vor Hartgaumenvokalen, § 85.

   4)   „ f in ft, § 107.

   5)   „ h im Auslaut, § 126.

   6)   „ k, § 121 Anm.

 *7)   „ ηg, § 123.

$\gamma <$ 1)   „ γ im Inlaut, § 124.

   2)   „ gg im Inlaut, § 122.

$h <$ „ h, § 126.

Teil III.

Satzdoppelformen.

1. Unter Einfluss des Akzents.

§ 188. Viele Wörter erscheinen im Satzzusammenhang in verschiedener Form, je nachdem sie stärker oder schwächer betont sind. Stärkere Betonung hat im allgemeinen Mehrung der Quantität, schwächere Betonung Minderung derselben zur Folge. Charakteristisch für ersteren Fall ist die in § 146 besprochene Dehnung kurzer Vokale vor stimmlosen Reibelauten, sowie die in § 17 erwähnte Dehnung von Liquiden und Nasalen, vgl. *dǎt kýmptꝛꝛfan* das kommt davon, *ḅlif tꝛꝛfán* bleib davon. Zirkumflektierte Betonung kann in nebenbetonter Silbe ganz verloren gehen, z. B. *tì:n* zehn, aber vielfach *dꝛẟtin* dreizehn.

§ 189. Typische Doppelformen finden sich bei einer Reihe von Pronominen, Zahlwörtern und Adverbien, z. B. *ik ꝛk* ich, *mǔ mꝛ* mir, mich, *duǔ dꝛ tꝛ* du, *dǐ̈ ȟꝛ* dir, dich, *ym ꝛm ꝛn* ihm, ihn, *syȳ zꝛ* sie, *ẏꝛ ꝛ* ihr, *yt ꝛt t* es, *vǐ̈ vꝛ* wir, *xǐ̈ xꝛ* Sie; *dó: dö* da, *hí: hǐ* hier, *vū̄: vu* wo, wie, *sǔ·ꝗ.* su so, *vāl ɽal* wohl; *ein* eins (Zahlwort), *ꝛn* unbestimmter Artikel; *jǔ·ꝗ.* ja, durchaus, *jó* ja (Bejahungspartikel) *tū:* zu (betontes Adverb), *tꝛ* zu, allzu; *vǐꝛ* wieder, zurück, *vi·ꝛ· vǐꝛ* wiederum; *ān an* an, *dǖꝛ duꝛ* durch, *fẏꝛ fyꝛ* für, vor, *nó: nǒ* nach, *évꝛꝛ ǒvꝛꝛ* über; erstere sind betonte Adverbien, letztere proklitische Präpositionen; ferner *ys 's* ist.

2. Sandhierscheinungen.

§ 190. Wie bereits § 18 bemerkt wurde, geht der Kehlkopfverschluss im Zusammenhang der Rede, wenn nicht eine Pause vorhergeht, regelmässig verloren, und zwar nicht nur nach Konsonanten sondern auch nach Vokalen.

Erstere werden in diesem Falle stets stimmhaft zum folgenden Vokal herübergezogen, gleichviel ob sie ursprünglich stimmhaft oder stimmlos waren, z. B. *ėdepᶎl* Kartoffeln, *dᶎ kŏbafšnᶅᶎ* den Kopf abschneiden, *dᵊ ᴣógúᴛ᷅ᵉkᶎ* den Rock ausziehen, *dǖᴃ digundẏ·n.* durch dick und dünn, *tᵠĕäᶄᶎs* zwei Nachen.

§ 191. Ebenso geht anlautendes *h* vielfach verloren, in der Regel jedoch nur nach Verschluss- und Reibelauten, die in diesem Falle stets stimmlos erscheinen, z. B. *kᶅᴃkòf* Kirchhof, *vátsûs* Wirtshaus.

§ 192. Anlautendes *b* und *d* kann den vorhergehenden stimmlosen Auslaut stimmhaft machen, z. B. *ᴣᴃizbòk* Kohlenkasten, *kázbᶅᴃᶎ* Stachelbeeren, *hűᴣdẏᴃ* Haustür, *hú·ᶐ.ydẏtš* hochdeutsch, *bédǖ:k* Betttuch, *fúᴃybᷖᴃ* furchtbar u. s. w.

§ 193. Umgekehrt wird das anlautende *d* einsilbiger Pronomina und Adverbien nach stimmlosen Konsonanten stimmlos, z. B. *venẏstat* wer ist das, *vekẏmptó* wer kommt da, *vat vòstᶎ* was willst du, *dastóᴣvö·ᶎ.ᴃ* das ist doch wahr, *datᴇstúᴂygdón* das hast du getan. — Ebenso *dúᶇᶎstàᴣ* Donnerstag.

§ 194. Nach stimmlosen Lauten steht stets *ᴣᶎ, sᶎ, śᶎ,* nach stimmhaften *ᴣᶎ, źᶎ; ᴣᶎ* und *γᶎ* dagegen werden in letzterem Falle ohne Unterschied neben einander gebraucht. Z. B. *dŏ liᶐtsᶎ* da liegt sie; *datvilᴢᶎnidūn* das will sie nicht tun; *den dᶇitśᶎ nᶅks* der thut dir nichts; *väᴃźᶎ* hüte dich; *ᴣútᴢᶎdón* gut getan; *dúᴃᴣᶎkùmᶎ* durchgekommen. — Auch *tᶎ* wird mitunter nach stimmhaften Lauten zu *dᶏ,* z. B. *ᴃė·i.ndᶎmàkᶎ* rein zu machen.

§ 195. Vor folgendem *m* kann in nachlässiger Rede *t* zu *p* werden, z. B. *ᴢᶎhépmᶎtᴢᶎsáᴣ* sie hat mir's gesagt, *dat lŏp mᶎ siᴢᶎfálᶎ* das lässt man sich gefallen, *Dóᴃpmùnt* Dortmund.

§ 196. *n* wird vor folgendem *b*, *p* zu *m*, z. B. *t⸴umpᶅn* Zahnschmerzen; vor folgendem *k* kann es zu *ᶇ* werden, z. B. *štᶒiᶇkûl* Steinbruch, vgl. auch *buᶇᶎᴃt* Baumgarten (§ 95 Anm. 2).

§ 197. Das auslautende *n* in Flexionssilben ist in der Stadtmundart in der Regel geschwunden (§ 96). Im Zusammenhang der Rede jedoch bleibt es vor Vokalen, *h*, *d*, *t* erhalten und wird vor *b*, *p* zu *m*, z. B. *étᶎn un dɒiŋkᶎ* essen und trinken, *de ʑɒízᶎn hū:t* der graue Hut, *tɵ́yᶎndᶎɒíᶥnt* gegen den Wind, *ʑɵ́yᶎmᵇóyᶎ* Regenbogen.

§ 198. Ähnlich verhält sich das stammhafte *n* in *ān* an, *in* in, *fun* von, *hin* hin, *dan* dann, *den* der, *ɒen* wer, *kan* kann, *sĭn* bin und ähnlichen einsilbigen Wörtern. Vor Vokalen, *h*, *d* und *t* bleibt es stets erhalten; vor *b* und *p* wird es zu *m*; vor andern Konsonanten aber fällt es vielfach ab, z. B. *inhᴐulᶎ* einhalten, *ántɒèkᶎ* anziehen, *ámpàkᶎ* anfassen, *hírᴐ́n* hingeben, *fu mi fádᶎᵇ* von meinem Vater, *dé kaʑᶎtseyᶎ* der kann dir's sagen.

§ 199. Auch das *l* in *sal* 'soll' und *ɒil* 'will' wird mitunter vor folgendem Konsonant abgeworfen, z. B. *ik sa źᶎ helpᶎ* ich soll dir helfen, *dat sa ɒal sín* das soll wohl sein, *ik ɒi źᶎ 's ɒat seyᶎ* ich will dir einmal etwas sagen.

§ 200. Vielfach werden einsilbige Wörter mit einem folgenden *m* 'dem', *s* 'ist', *k* 'ich' zu einem Wort verschmolzen, wobei der Auslaut sich diesem *m*, *s*, *k* assimiliert, z. B. *im* im, *fam* von dem, *öm* auf dem; *das* das ist, *ɒas* was ist, *des* der ist, *ɒes* wer ist, *hes* er ist; *dak* das ich, dass ich, *ɒak* was ich, *dek* der ich, den ich, *sak* soll ich, *hak* hatte ich, *hek* hätte ich, *ɒik* will ich, *muk* muss ich, *sek* sage ich, *kaŋk* kann ich u. s. w. — Auch *ɒᶎ* 'wir' wird so mit dem vorhergehenden Worte verschmolzen, z. B. *heɒᶎ* haben wir, *sɵ̈tᶎ* sollen wir, *ɒiɒᶎ* wollen wir u. s. w.

WORTBILDUNGSLEHRE.

Teil I.

Nomen und Pronomen.

I. Substantiva.

A. Flexion.

1. Pluralbildung.

§ 201. Der Plural ist entweder vollständig gleich dem Singular oder nur durch den Umlaut von ihm unterschieden. Hierher gehören einige Wörter auf -ᶒᵇ, -ᶒl und -ᶒ < -ᶒn.

a) ohne Umlaut die Maskulina z. B. *fiŋᶒᵇ* Finger, *iŋᶒl* Engel, *štālᶒ* Tischbein, *āpᶒ* Affe; die Feminina *tᵇapᶒ* Treppe, *flešᶒ* Flasche, *kiᵇkᶒ* Kirche, *katᶒ* Katze, *myšᶒ* Sperling; das Neutrum *hatᶒ* Herz.

b) mit Umlaut die Maskulina *apᶒl* Apfel — *epᶒl*, *xādᶒ* Garten — *xēdᶒ*.

§ 202. Der Plural ist ohne Endung, unterscheidet sich aber vom Singular durch zirkumflektierte Betonung, die auf Apokope einer früheren Endung ᶒ beruht, und ev. sonstige Veränderungen.

a) ohne Umlaut. Maskulina: *dax* Tag — *dū:x*, *štᵉin* Stein — *štᵉˑi.n*, *ᵇiŋk* Ring — *ᵇiˑŋ.*, *huŭnt* Hund — *huˑŭ.n*, *tᴐunt* Zahn — *tᴐˑu.n*. Feminina: *hᴐunt* Hand — *hᴐˑu.n*. Neuerdings sagt man in Anlehnung an das Hochd. vielfach *heˑi.n* und *teˑi.n*. Neutra: *pēt* Pferd — *pē:t*.

b) mit Umlaut: Maskulina: *šlax* Schlag — *šlᵉ:x*,

hof Hof — *ḣė·f, bŏum* Baum — *bᵉ̆·y.m, dōn* Dorn — *dē·n, koᵤf* Korb — *kǝ·ᵇ.f, völf* Wolf — *vė̆·l.f, koump* Kamm — *keᵢ·i.m*. Neutra: *vŏt* Wort — *vė̄·t*. Feminina: *vɔunt* Wand — *rᵉ·i.n, lŭs* Laus — *lẏ̆·s, mŭs* Maus — *mẏ̆·s, kū:* Kuh — *ky·ẏ̆·*.

§ 203. Der Plural hat die Endung *-ᵇᵇ*.

a) **ohne Umlaut Neutra** wie: *ŝtyk* Stück — *ŝtykᵇᵇ, bet* Bett — *bedᵇᵇ, koⁱts* Kreuz — *koⁱtsᵣ, mets* Messer — *metsᵇᵇ, ŝpil* Spiel — *ŝpilᵇᵇ, fel* Fell — *felᵇᵇ, löt* Los — *lötᵇᵇ, hemdᵇ* Hemd — *hemdᵇᵇ, kⁱint* Kind — *kⁱinᵇᵇ, bᵇet* Brett — *bᵇė̆·ᵇ.ᵇ, hūn* Huhn — *hunᵇᵇ*.

b) **mit Umlaut. Maskulina:** *stok* Stock — *ŝtᵇkᵇᵇ, ŝtat* Schwanz — *ŝtetᵇᵇ, ŝtᵇûk* Strauch — *ŝtᵇ̆ykᵇᵇ, köp* Kopf — *kᵇ̆pᵇᵇ*. Neutra: *hûs* Haus — *hᵇ̆zᵇᵇ, xat* Loch — *xetᵇᵇ, ŝŏt* Schublade — *ŝᵇ̆tᵇᵇ*. Von Femininen gehören allein hierher *fut* Arsch — *fytᵇᵇ* und *mᵇ:l* Maul — *mẏ̆lᵇᵇ*. Letztere Form ist Plural zu dem mnd. Neutrum *mᵇl*, während *mᵇ:l* auf das mnd. schwache Femininum *mᵇle* zurückgeht.

c) **mit und ohne Umlaut die Neutra** *blat* Blatt — *blė̆·ᵇ.ᵇ* und *blā:ᵇ, xlas* Glas — *xlézᵇᵇ* und *xlāzᵇᵇ, kalf* Kalb — *keltᵇᵇ* und *kalvᵇᵇ*.

§ 204. Der Plural wird auf -*s* bezw. -*ᵇs* gebildet. So gehen u. a. die **Maskulina** *kē:l* Kerl — *kē:ls, ŝtū:l* Stuhl — *ŝtẏ̆:ls, pŏ:l* Pfahl — *pė̆:ls* und die meisten Wörter auf -*ᵇᵇ*, -*ᵇl*, -*ᵇm* und -*ᵇ < -ᵇn*, namentlich alle Diminutiva, z. B. *lėpᵇl* Löffel — *lėpᵇls, izᵇl* Esel — *izᵇls, besᵇm* Besen — *besᵇms, ŏvᵇ* Ofen — *ŏvᵇs, ju·ᵑ.* Junge — *junᵇs*. **Neutra:** *finstᵇᵇ* Fenster — *finstᵇs, feᵇkᵇ* Schwein — *feᵇkᵇs, metŝᵇ* Mädchen — *metŝᵇs, vᵢ:fkᵇ* Weibchen — *vᵢ:fkᵇs, ŝtykskᵇ* Stückchen — *ŝtykskᵇs*. **Feminina:** *dⁱ·ᵇ.n* Mädchen — *dⁱanᵇs, systᵇᵇ* Schwester — *systᵇs*.

§ 205. Der Plural endigt auf -*ᵇ*.

a) **nhd. starke Pluralbildung, α) ohne Umlaut. Maskulina:** *dⁱŝ* Tisch, *fⁱŝ* Fisch, *fᵉ̆ŝ* Vers, *ŝtik* Stich, *ŝtᵇⁱk* Strich. **Neutra:** *dⁱ·ᵇ.ᵇ* Tier, *ŝŏ:p* Schaf.

β) **mit Umlaut, Maskulina:** *ḣnū:k* Hecht — *ŝnẏ̆:kᵇ, ŏ:l* Aal — *ė̆·lᵇ, dᵇŏ:t* Draht — *drė̆:tᵇ, knŏup* Knopf — *knᵇ̆ypᵇ*, *pŏt* Topf — *pĕtẹ*. Feminina: *nūt* Nuss — *nẏtẹ, fús* Faust — *fẏstẹ*.

b) Nhd. schwache Pluralbildung. Der Plural endigt auf -ẹ < -ẹn, welch letzteres in den in § 197 aufgeführten Fällen erhalten bleibt. Beispiele ohne Umlaut. Maskulina: *minš* Mensch, *suldó:t* Soldat, *bẉ* Bauer, *bẉil* Brille, *blā:z* Kind — *blāyẹ, hā:s* Hase — *hāzẹ*. Neutra: *ŏ·u.x* Auge — *ŏuyẹ, ủ·ẹ.ẉ* Ohr — *ủ·ẹ.ẉẹ, ĵŏ·ẹ.ẉ* Jahr, *hŏ·ẹ.ẉ* Haar, *bĕin* Bein. Feminina: *dẏẉ* Tür, *bẉ* Birne, *sipẹl* Zwiebel, *sīt* Seite — *sīdẹ, dủ:f* Taube — *dủcẹ, pẉủ:m* Pflaume — *pẉủmẹ, fa·ẉ.f* Farbe — *fủẉcẹ*.

2. Die obliquen Kasus.

§ 206. Nominativ und Akkusativ Singularis sind zusammengefallen, und zwar werden beide bei den schwachen Maskulinis, welche im Nominativ Singularis endungslos sind — es sind dies meist Bezeichnungen für lebende Wesen — und bei den schwachen Femininis, deren auslautendes *ẹ* lautgesetzlich apokopiert wurde, durch den Nominativ, in allen andern Fällen durch den Akkusativ ersetzt. Nur von einigen schwachen Maskulinen, welche ebenfalls lebende Wesen bezeichnen, ist die lautliche Form für beide Kasus erhalten; es sind dies: *hā:s* und *hāzẹ* Hase, *hủ:n* und *hānẹ* Hahn, *bĕ·ẹ.ẉ* und *bĕ·ẹ.ẉẹ* Bär. — Syntaktisch wird der Nominativ der Maskulina stets durch den Akkusativ ersetzt.

§ 207. Der Genitiv Singularis findet sich nur noch in Zusammensetzungen wie *pátsflĕis* Pferdefleisch, *ảkẹsknĕx* Schiffsknecht, *óvẹspĩpẹ* Ofenpfeife und in adverbialen Zeitbestimmungen wie *ẹt mŏẉyẹs* des Morgens, *ó:mẹs* Abends, *sủndàxs* Sonntags; sonst wird er durch die Präposition *fan* mit dem Dativ oder durch den Dativ und das Possessivpronomen umschrieben.

§ 208. Der Dativ Singularis der starken Maskulina und Neutra endigt auf -ẉ; dieses -ẹ aber wird in der Regel wie im Hochd. abgeworfen, so dass der Dativ gleich dem Akkusativ wird. Eine besondere vom Akkusativ unter-

schiedene Dativform zeigen dagegen noch diejenigen Sub-
stantiva, bei denen das -*ə* nach stimmhaftem Konsonanten
oder nach stimmhafter Konsonantenverbindung lautgesetz-
lich apokopiert wurde, z. B. *dax* Tag — *dā:x*, *vex* Weg —
vé:x, *hof* Hof — *hó:f*, *beʊx* Berg — *beʊ.x*, *fɛilt* Feld —
fɛ·i.l, *lɔunt* Land — *lʊ·u.n*; doch treten auch für diese Formen
vielfach die Akkusativformen ein, z. B. *ŏm hó:f* oder *ŏm
hof* auf dem Hofe.

Anm. Sehr auffällig ist die schwache Form des Dativ Sg. von
hûs Haus — *hûsə* mit stimmlosem *s*!

§ 209. Die schwachen Substantiva haben nur eine
Form für den ganzen Singularis; nur die Feminina, welche
im Nominativ endungslos sind, haben daneben noch eine
schwache Dativform.

§ 210. Im Plural aller Substantiva sind die Kasus-
unterschiede verloren gegangen.

B. Diminutivbildung.

§ 211. Zur Diminutivbildung werden die Suffixe -*šə*,
-*kə* und -*skə* verwandt; -*šə*, dem ndl. -*tje* entsprechend, tritt
an *l*, *n*, *t*; -*skə* an Gutturale; in allen andern Fällen steht
-*kə*. Die Diminutiva haben, soweit es möglich ist, Umlaut
sowie zirkumflektierte Betonung. Vor Explosivlauten tritt
Verkürzung ein (§ 151, 1). Der Plural wird stets auf -*s*
gebildet. Beispiele: *kɛ:lšə* Kerlchen, *lépəlšə* Löffelchen,
bɛ·i.nšə Beinchen, *hɛ·i.nšə* Händchen, *fɛtšə* Fässchen, *pykskə*
Schweinchen, *beʊ.xskə* Berglein, *xəsízskə* Gesichtchen, *ʊi·ŋ.skə*
Ringlein, *tə·y.kə* kleines Tau, *keʊ.kə* Kärrchen, *kɛ·i.mkə*
Kämmchen, *knŏpkə* Knöpfchen, *ʊi:fkə* Weibchen, *xleskə*
Gläschen, *kŏskə* Krüstchen; *pēt* Pferd hat *patšə*; *man* Mann
meʊ.šə nur im Gegensatz zu *ʊi:fkə*, sonst *menəkə*, ebenso
kinəkə Kindchen, *Anəkə* Diminutiv von Anna.

II. Adjektiva.

A. Flexion.

§ 212. Der Nominativ Singularis der Maskulina wird durch den Akkusativ ersetzt. Der Unterschied zwischen starker und schwacher Flexion ist nur noch im Sg. erhalten, im Pl. flektieren die Adjektiva stets stark.

1. Starke Flexion.

§ 213. Paradigmen: *zȯú·ǫ.t* gross, *klĕ·i.n* klein.

	Singular			Plural
	Maskulinum	Femininum	Neutrum	
A.	*zȯú·ǫ.tǝ(n)*	*zȯú·ǫ.tǝ*	*zȯú·ǫ.t*	*zȯú·ǫ.tǝ*
D.	*zȯú·ǫ.tǝm*	*zȯú·ǫ.tǝɔ*	*zȯú·ǫ.tǝm*	

	Singular			Plural
	Maskulinum	Femininum	Neutrum	
A.	*klĕinǝ(n)*	*klĕ·i.n*	*klĕ·i.n*	*klĕ·i.n*
D.	*klĕinǝm*	*klĕinǝɔ*	*klĕinǝm*	

Anm. Ein starker Gen. Sg. Neutr. ist in Formeln wie *nȋks nȋiǝs* nichts Neues, *vat zudǝs* etwas Gutes erhalten.

2. Schwache Flexion.

§. 214. Paradigmen: *zȯú·ǫ.t* gross, *klĕ·i.n* klein.

	Singular		
	Maskulinum	Femininum	Neutrum
A.	*zȯú·ǫ.tǝ(n)*	*zȯú·ǫ.tǝ*	*zȯú·ǫ.tǝ*
D.	*zȯú·ǫ.tǝ(n)*	*zȯú·ǫ.tǝ(n)*	*zȯú·ǫ.tǝ(n)*

	Singular		
	Maskulinum	Femininum	Neutrum
A.	*klĕinǝ(n)*	*klĕ·i.n*	*klĕ·i.n*
D.	*klĕinǝ(n)*	*klĕ·i.n*	*klĕinǝ(n)*

B. Steigerung.

§ 215. Der Komparativ wird auf -ₐᵇ, der Superlativ
auf -stₐ gebildet, z. B. *net* schön — *netₐᵇ* — *netstₐ*, *laŋk*
lang — *leŋₐᵇ* — *le·ŋ.stₐ*, *ɔult* alt — *ɔylₐᵇ* — *ɔ·y.lstₐ*.

§ 216. Einige Adjektiva bilden den Komparativ auf
-dₐᵇ, z. B. *nó*: nahe — *nêdₐᵇ*, *ɛφô·ₐ.ᵇ* schwer — *ɛφêdₐᵇ*,
dÿ·ₐ.ᵇ teuer — *dÿᵇdₐᵇ*; bei manchen tritt zugleich Verkür-
zung ein, vgl. § 217.

§ 217. Verkürzung des Stammvokals im Komparativ
und Superlativ zeigen folgende Adjektiva (§ 151, 3):
klĕ·i.n klein — *klindₐᵇ* — *klinstₐ*,
ᵇĕ·i.n rein — *ᵇindₐᵇ* — *ᵇinstₐ* (doch auch regelmässig),
bᵇĕit breit — *bᵇĕdₐᵇ* — *bᵇĕtstₐ*,
vĭt weit — *vĭdₐᵇ* — *vĭtstₐ*,
xᵇŭ·ₐ.t gross — *xᵇŏdₐᵇ*, *xᵇŏlₐᵇ* — *xᵇŏtstₐ*,
hŭ·ₐ.x hoch — *hŏyₐᵇ* — *hŏxstₐ*.

§ 218. Folgende Adjektiva, die nur im Komparativ
und Superlativ oder nur im Superlativ vorkommen, bilden
den Positiv durch einen andern Stamm oder gehören zu
Adverbien und Präpositionen:

xut gut	*bêtₐᵇ* besser	*bestₐ* beste,
lātₐ spät	*lātₐᵇ* später	*lestₐ* letzte,
fö·l. viel	*mĭ·ₐ.ᵇ* mehr	*mĕistₐ* meiste,
fᵇū: früh	*ĭ·ₐ.ᵇ* eher, früher	*ĭ·ₐ.stₐ* erste,
fÿᵇ vor	—	*fÿᵇstₐ* vorderste,
axtₐᵇ hinten	—	*extₐstₐ* hinterste,
bôvₐ oben	—	*bêvₐstₐ* oberste,
uănₐ unten	—	*yÿnₐstₐ* unterste,
midₐ mitten	---	*midₐlstₐ* mittelste.

III. Zahlwörter.

1. Kardinalzahlen.

§ 219.

1 *ĕin*	11 *e·l.f*	21 *ĕinₐntɕpintₐx*	10 *ti:n*
2 *tɕi̇·ₐ.*, *tɕĕ*	12 *tɕe·l.f*	22 *tɕi̇·ₐ.ntɕpintₐx*	20 *tɕpintₐr*
3 *dᴣĭ*	13 *dᴣĕtì:n*	23 *dᴣĭₐntɕpintₐx*	30 *datₐx*
4 *fi̇·ₐ.ᴣ*	14 *fi̇ₐtì:n*	24 *fi̇·ₐ.ᴣₐntɕpintₐx*	40 *fi̇ₐtₐx*
5 *fĭf*	15 *fĭftì:n*	25 *flvₐntɕpintₐr*	50 *fĭftₐx*
6 *sĕs*	16 *sĕstì:n*	26 *sĕzₐntɕi̇ntₐx*	60 *sestₐx*
7 *sĭvₐ*	17 *sĭvₐntì:n*	27 *sĭvₐnₐntɕpìntₐx*	70 *sĭvₐntsₐx*
8 *ax*	18 *áxtì:n*	28 *áyₐntɕpintₐx*	80 *axtsₐx*
9 *nĭyₐ*	19 *nĭyₐntì:n*	29 *nĭyₐnₐntɕi̇ntₐx*	90 *nĭyₐntsₐx*
10 *ti:n*	20 *tɕpintₐx*	30 *datₐx*	100 *huŭnₐnt*

200 *tɕi̇·ₐ.huŭnₐnt*   1000 *dŏuzₐnt.*

Anm. 1. Ursprünglich war *tɕi̇·ₐ.* die betonte, *tɕĕ* die unbetonte Form; dieser Unterschied ist jetzt nicht mehr vorhanden; alleinstehend aber kommt nur *tɕi̇·ₐ.* vor.

Anm. 2. Die Zahlen von 70—90 haben die hd. Endung -*tₐx* angenommen, in der älteren Sprache wurden sie mit -*ant*- gebildet. — *dŏuzₐnt* zeigt auffallender Weise hd. Vokal.

2. Ordinalzahlen.

§ 220. 1 *i̇·ₐ.stₐ*, 2 *tɕĕdₐ*, 3 *dᴣĭdₐ*, 4 *fi̇·ₐ.ᴣdₐ*. 5 *fĭftₐ* 6 *sĕstₐ*, 7 *sĭvₐndₐ*, 8 *axtₐ*, 9 *nĭyₐndₐ*, 10 *ti·n.dₐ*, 11 *e·l.ftₐ*, 12 *tɕe·l.ftₐ*, 13 *dᴣĕtindₐ*, 20 *tɕpintₐxstₐ*, 100 *huŭnₐnstₐ*, 1000 *dŏuzₐnstₐ*.

IV. Pronomina.

1. Persönliche.

a. Ungeschlechtige.

§ 221.

		1. Person	2. Person	3. Person
Sg.	N.	*ik*, *ₐk* ich	*duŭ*, *dₐ* du	—
	D. A.	*mĭĭ*, *mₐ*	*dĭĭ*, *tₐ*	*six*, *sₐx* sich.
Pl.	N.	*vĭĭ*, *vₐ*	*zit* ihr; *zĭĭ*, *xₐ* Sie	—
	D. A.	*ŭs*	*iŋk* euch; *uŭ* Ihnen, Sie	*six*, *sₐx*.

Anm. 1. *zit* und *iŋk* sind alte Dualformen; die alten Pluralformen werden in der höflichen Anrede an eine einzelne Person gebraucht. Die

für unsere Mundart charakteristische unbetonte Form des Dativ Akk. Sg. der 2. Person *ş* scheint mit dem ndl. *je* identisch zu sein.

Anm. 2. Wenn das Pronomen der 2. Person enklitisch hinter einer Verbalform steht, so kann sich der stimmlos werdende Anlaut desselben dem vorhergebenden auslautenden *s* assimilieren, z. B. *kastş* und *kasş* kannst du, *hetstş* und *hetsş* hättest du.

Anm. 3. Auf falscher Analogie beruhen Verbindungen wie *venstş* wenn du, *datstş* dass du, *ŗa.stş* ehe du, *sufo·l.stş* so viel du, u. ähnl. Auch hier kann die in Anm. 2. besprochene Assimilation stattfinden.

b. Geschlechtige.

§ 222.

	Singular			Plural
	Maskulinum	Femininum	Neutrum	
N.	*he, e, ş*	*syǰ, stĭ, zş*	*et, şt, yt*	*stĭ, zş*
D.	*ym, şm*	*ǰə, şə*	*ym, şm*	*ǰə*
A.	*şn*	*syǰ, stĭ, zş*	*et, şt, yt*	*stĭ, zş.*

Anm. 1. Der verloren gegangene Dativ Pl. ist durch den Dativ Sg. Fem. ersetzt. Für die Akkusativformen kann man auch fast stets die Dativformen verwenden; als betonte Form des Akk. Sg. Mask. ist nur *ym* gebräuchlich.

Anm. 2. Die Form *yt* wird nur in Bezug auf weibliche Wesen gebraucht.

Anm. 3. Ein unbetonter Gen. Sg. *şə* kommt nur wenig vor, z. B. *ik hebşə xşnúx* ich habe genug (davon); um so häufiger ist der unbetonte Gen. Pl. *şə*, z. B. *dadyişşĕinş* das ist (dir) einer.

2. Possessiva.

§ 223. *mĭnş, mĭn, mĭn* mein, *dĭnş, dĭn, dĭn* dein, *uǰş, uǰ, uǰ* ihr, *sĭnş, sĭn, sĭn* sein, *ǰəş, ǰə, ǰə* ihr, *ŭzş, ŭs, ŭs* unser, *işkş* euer, *ǰəş, ǰə, ǰə* ihr.

Anm. Vor den Verwantschaftsbezeichnungen *fatşə* Vater, *bşŭ·ş.ə* Bruder, *ǰ·a.m* Onkel, *fedşə* Vetter ist der Nom. Sg. nicht durch den Akk. verdrängt worden, sondern erhalten geblieben: z. B. *mĭ fatşə, dĭn ǰ·a.m, sĭm bşŭ·ş.ə, ǰə fedşə.*

3. Demonstrativa.

§ 224. Der bestimmte Artikel.

	Singular			Plural
	Maskulinum	Femininum	Neutrum	
N.	*den, de, dş*	*dĭ, dş*	*dat, et, şt*	*dĭ, dş*
D.	*dem, dəm, m*	*deə, dşə*	*dem, dşm, m*	—
A.	*den, de, dş*	*dĭ, dş*	*dat, et, ət*	*dĭ, dş.*

§ 225. Das zusammengesetzte Demonstrativum.

	Singular		Plural
Maskulinum	Femininum	Neutrum	
N. *diz₂* °	*dis*	*dit, dis*	*dis*
D. *diz₂m*	*diz₂b*	*diz₂m*	—
A. *diz₂*	*dis*	*dit, dis*	*dis*

Anm. Die Demonstrativa kommen meist in Verbindung mit *hï* (= hier) vor, z. B. *hïden, hïdat, hïdiz₂.*

4. Interrogativa.

§ 226. Singular

	Maskulinum	Neutrum
N.	*ven, ve*	*vat*
D.	*vem*	*vem*
A.	*ven*	*vat.*

Anm. 1. Im Mask. wird statt des Dat. auch der Akk. gebraucht.
Anm. 2. Für 'was für ein' gebraucht die Mundart das wie ein Adjektiv flektierte *vatfan₂, vatfan, vatfan.*

5. Indefinita.

§ 227. Der unbestimmte Artikel lautet in allen Formen *₂n, ₂,* nur im Dat. Mask. und Neutr. findet sich daneben noch die Form *₂m.* Auch hier ist also der Nom. Mask. nicht durch den Akk. verdrängt. Dagegen flektiert die Zusammensetzung mit dem aus *sü·₂.* so verkürzten *su* genau wie ein Adjektiv: *sun₂, sun, sun* solch ein.

§ 228. Die übrigen Indefinita sind: *vat* etwas, *nïks* nichts, *m₂* man, *ym₂s* jemand, *nym₂s* niemand, *al₂s* alles (der Sg. *al* und der Pl. *āl* werden, adjektivisch gebraucht, stets mit dem bestimmten Artikel verbunden), *in₂y₂* einige, *man₂y₂* manche; *jéd₂b, jéd₂, jéd₂s* ist hd. Lehnwort. Einander wird durch *čin* ausgedrückt: *dūₐèin* durcheinander, *ïtₐèin* auseinander, *evₐèin* übereinander, *fanèin* voneinander, *bïjèin* beieinander.

Teil II.

Verbum: Konjugation.

A. Starke Verba.

1. Die Endungen.

§ 229.

		Präs.	Imp.	Prät.	Inf.	Partiz.
Sg.	1.	—		—	-ʀ	-ʀ
	2.	-s	—	-s		
	3.	-t		—		
Pl.	1. 2. 3.	-ʀ	-ʀnt	-ʀ		
höfl.	Anrede -t	-t	-t			

Anm. 1. Das -t der 3. Sg. Präs. ist nur nach Vokalen, λ, l, ι und n erhalten, nach allen andern Konsonanten ist es abgefallen (§ 110).

Anm. 2. Im Präsens und Präteritum sind alle 3 Personen des Plurals gleich geworden.

Anm. 3. Die 2. Pl. Imp. hat die alte Endung der 3. Pl. Präs. angenommen.

Anm. 4. Die ursprüngliche Form der 2. Pl. aller Tempora und Modi ist in der höflichen Anrede an eine einzelne Person erhalten. Dieses -t haftet auch nach Explosiv- und Reibelauten fester.

2. Die Stammbildung und Flexion.

§ 230. Der Vokalwechsel zwischen der 1. Sg. und der 2. 3. Sg. Präs. ist nur in wenigen Fällen ausgeglichen; dagegen hat die 2. Sg. Imp. fast durchweg den Vokal des Infinitivs angenommen, sie entspricht einer 3. Sg. Opt. Präs.

§ 231. Das Präteritum hat entweder im Singular den Vokal des Plurals oder in allen Formen den Vokal des Partizipiums. — Der Opt. Prät. hat, wenn es möglich ist, Umlaut.

I. *i*-Ablautsreihe.

wgerm. *i* — *ai* — *ĭ* — *ĭ*
mülb. *i* — *ī* — *i* — *i*

§ 232. Paradigmen: *kĭk̢* sehen, *ɔĭţ̢* reiten, *blĭoᶎ* bleiben.
1. Präsens: *kĭk, kĭks, kĭk*; *kĭk̢, kĭkt*. Imp. *kĭk.*

Ebenso gehen: *bĭt̢* beissen, *dᶎĭt̢* cacare, *zlĭk̢* gleichen, *zᶎĭp̢* greifen, *knĭp̢* kneifen, *kᶎĭt̢* kreischen, *pĭp̢* pfeifen, *ᶎĭt̢* reissen, *šlĭk̢* schleichen, *šlĭp̢* schleifen, *fᶎᶎšlĭt̢* verschleissen, *šmĭt̢* werfen, *šplĭt̢* spleissen, *štᶎĭk̢* streichen, *ɔĭk̢* weichen.

2. Präsens: *ᶎĭt, ᶎĭts, ᶎĭt*; *ᶎĭᶎ, ᶎĭːt.* Imp. *ᶎĭt.*

Ebenso gehen: *lĭᶎ* leiden, *šlĭᶎ* gleiten, *šnĭᶎ* schneiden, *štᶎĭᶎ* streiten; ferner gehört hierher das Partizip *fᶎᶎlĭᶎ* vergangen.

3. Präsens: *blĭːf, blĭːfs, blĭːf*; *blĭoᶎ, blĭːft.* Imp. *blĭːf.*

Ebenso gehen: *dᶎĭoᶎ* treiben, *ᶎĭɔᶎ* reiben, *šᶎĭoᶎ* schreiben, *šφĭɣᶎ* schweigen, *ɔĭzᶎ* zeigen, *pᶎĭzᶎ* preisen, *šĭnᶎ* scheinen. — *kᶎĭɣᶎ* bekommen, refl. sich nehmen, weicht in einigen Formen ab. Präsens: *kᶎĭz, kᶎĭs, kᶎĭz*; *kᶎĭɣᶎ, kᶎĭzt.* Imp. *kᶎĭz, kᶎĭɣᶎnt, kᶎĭzt.* Das Partizip wird auch schwach gebildet: *zᶎkᶎĭz.*

Anm. *šnĭᶎ* schneien und *rᶎĭᶎ* schreien sind ganz in die schwache Flexion übergetreten. Auch *špüᶎ* speien wird meist schwach flektiert, doch kommen auch noch die starken Formen *špuᶎ, zᶎšpúᶎ* vor.

II. *ŭ*-Ablautsreihe.

a. Imperfekt-Präsentia.

wgerm. *ĕŏ* — *aŭ* — *ŭ* — *ŏ*
mülb. *ī:* — *ŏ* — *ŏ* — *ŏ*

§ 233. Paradigmen: *šĭːt̢* schiessen, *bĭᶎ* bieten, *flĭːɣᶎ* fliegen.
1. Präsens: *šĭːt, šÿts, šÿt*; *šĭːt̢, šĭːt.* Imp. *šĭːt.*
Ebenso gehen: *zĭːt̢* giessen, *fᶎᶎdᶎĭːt̢* verdriessen.
2. Präsens: *bĭːt, bÿts, bÿt*; *bĭᶎ, bĭːt.* Imp. *bĭːt.*
3. Präsens: *flĭːz, flÿːzs, flÿːz*; *flĭːɣᶎ flĭːzt.* Imp. *flĭːz.*
Ebenso gehen: *bᶎdᶎĭːɣᶎ* betrügen, *lĭːɣᶎ* lügen und die Präteritalformen *bóz, bóɣᶎ* u. s. w., zu denen der Präsens-

stamm von dem schwachen Verbum *bĕy̆ɐ* beugen, biegen
gebildet wird.   Von andd. *tiohan* ziehen ist nur *ɐt tẏ̆t* er-
halten. — *fʋi:zɐ* frieren und *fɐʋli:zɐ* verlieren haben gram-
matischen Wechsel.

b. Aorist-Präsentia.

wgerm. *u̇ — au̇ — ŭ — ŏ*
mülh. *u̇ — ó   — ó — ó*

§ 234. Paradigmen: *su̇pɐ* saufen, *śúvɐ* schieben.
1. Präsens: *su̇p, sẏps, sẏp*; *su̇pɐ, su̇pt.* Imp. *su̇p.*
Ebenso gehen: *kɐu̇pɐ* kriechen, *ʋúkɐ* riechen, *ślútɐ*
schliessen.
2. Präsens: *śú:f, śẏ:fs, śẏ:f*; *śúvɐ, śú:ft.* Imp. *śú:f.*
Ebenso gehen: *śúy̆ɐ* saugen, *śnúvɐ* schnupfen, *śʋúvɐ*
schrauben und *śtẏ̆vɐ* stauben, stieben, das im ganzen Prä-
sensstamm Umlaut hat.

III. *ĕ-ĭ*-Ablautsreihe.

a. Mit Doppelnasal oder Nasal + Konsonant.

wgerm. *i — a   — ŭ — ŭ*
mülh. α) *i — u   — u — u*
        β) *ĭĭ — uĭ — uĭ — uĭ*

§ 235. α) Paradigmen: *dʋiŋkɐ* trinken, *siŋɐ* singen.
1. Präsens: *dʋiŋk, dʋiŋks, dʋiŋk*; *dʋiŋkɐ, dʋiŋkt.* Imp. *dʋiŋk.*
Ebenso gehen: *siŋkɐ* sinken, *śtiŋkɐ* stinken.
2. Präsens: *si·ŋ., si·ŋ.s, si·ŋ.k*; *siŋɐ, si·ŋ.t.* Imp. *si·ŋ..*
Ebenso gehen: *bɐdiŋɐ* bedingen, *dʋiŋɐ* dringen, *fʋiŋɐ*
wringen, *kliŋɐ* klingen, *zɐliŋɐ* gelingen, *śliŋɐ* schlingen,
śpʋiŋɐ springen, *śʋiŋɐ* schwingen, *tʋiŋɐ* zwingen, *bɐsiŋɐ*
besinnen, *śpiŋɐ* spinnen, *zɐviŋɐ* gewinnen. — *śφemɐ* schwim-
men und *klymɐ* klettern haben im ganzen Präsensstamm
e bezw. *y.*
§ 236. β) Paradigmen: *kʋĭmp* krimpen, *bĭiŋɐ* binden.
1. Präsens: *kʋĭmp, kʋĭmps, kʋĭmp*; *kʋĭmpɐ, kʋĭmpt.*
Imp. *kʋĭmp.*
2. Präsens: *bĭ'i̇.n, bĭ'i̇.ns, bĭ'i̇.nt*; *bĭiŋɐ, bĭ'i̇.nt.* Imp. *bĭ'i̇.n.*
Ebenso gehen: *fĭiŋɐ* finden, *vĭiŋɐ* winden.

b) Mit anderm Stammauslaut.

wgerm. *ë* — *a* — *ŭ* — *ŏ*
Mülheim α) *e* — *o* — *o* — *o*
  β) *e* — *ŏ* — *ö* — *ŏ*   (§ 48)
  γ) *ē* — *ō* — *ō* — *ō*   (§ 139 und 140)
  δ) *a* — - — - — *a*   (§ 171)
  ε) *ĭ̈* — *ŏu* — *ŏu* — *ŏu*   (§ 164 und 165)
  ζ) *ɛi* — *ɔu* — *ɔu* — *ɔu*   (§ 163)

§ 237. α) Paradigmen: *števɒʀ* sterben, *tʀekʀ* ziehen.

1. Präsens: *šteʀ.f*, *šti·ʀ.fs*, *šti·ʀ.f*; *števɒʀ*, *šteʀ.ft*. Imp. *šteʀ.f*.

Ebenso geht noch *fʀɒdéʀvʀ* verderben.

2. Präsens: *tʀek*, *tʀeks*, *tʀek*; *tʀekʀ*, *tʀekt*. Imp. *tʀek*.

Ebenso gehen: *fextʀ* fechten, *flextʀ* flechten, *fʀɒšrékʀ* erschrecken und das hd. Lehnwort *tʀefʀ* treffen.

§ 238. β) Paradigmen: *helpʀ* helfen, *melkʀ* melken, *šφelʀ* schwellen.

1. Präsens: *help*, *hilps*, *hilp*; *helpʀ*, *helpt*. Imp. *help*.
2. Präsens: *melk*, *melks*, *melk*; *melkʀ*, *melkt*. Imp. *melk*.
3. Präsens: *šφe·l.*, *šφe·l.s*, *šφe·l.t*; *šφelʀ*, *šφe·l.t.* Imp. *šφe·l..*
So geht noch *kφelʀ* quellen.

§ 239. γ) Einziges Beispiel: *vĕdʀ* werden.
Präsens: *vēt*, *vets*, *vet*; *vēdʀ*, *vet.* Imp. *vet.*

§ 240. δ) Paradigma: *bastʀ* bersten.
Präsens: *bas*, *bas*, *bas*; *bastʀ*, *bast.* Imp. *bas.* Das Prät. wird schwach gebildet.
So geht noch *dašʀ* dreschen.

§ 241. ε) Einziges Beispiel: *šmĭ̈ltʀ* schmilzen, schmelzen.
Präsens: *šmĭ̈lt*, *šmĭ̈lts*, *šmĭ̈lt*; *šmĭ̈ltɔ*, *šmĭ̈lt.* Imp. *šmĭ̈lt.*

§ 242. ζ) Einziges Beispiel: *šeilʀ* schelten.
Präsens: *šɛ·i.l*, *šɛ·i.ls*, *šɛ·i.lt*; *šeilʀ*, *šeilt.* Imp. *šɛ·i.l.*

IV. *ë*-Ablautsreihe.

a. Wgerm. *ë* — *a* — *ā* — *ö*
mülh. α) *ĕ* — *ŭ·u̯.* — *ŭ·a̯.* — *ó*
  β) *ĕ* — *ó* — *ŏ* — *ó*

§ 243. α) Paradigmen: *bʾékʾ* brechen, *némʾ* nehmeu.

1. Präsens: *bʾék, bʾiks, bʾik; bʾékʾ, bʾékt.* Imp. *bʾék.*
So geht noch *špʾékʾ* sprechen.

2. Präsens: *né:m, nyms, nymp; némʾ, né:mt.* Imp. *né:m.*

§ 244. β) Paradigmen: *šéʾʾ* scheren, *štélʾ* stehlen,
véyʾ wiegen.

1. Präsens: *šéʾ, šéʾs, šéʾt; šéʾʾ, šéʾt.* Imp. *šéʾ.*
So geht noch *šʾféʾʾ* schwören. Von andd. *gibëran* ist
nur noch das Partizipium *zʾbóʾʾ* geboren erhalten.

2. Präsens: *šté:l, štils, štilt; štélʾ, štélt.* Imp. *šté:l.*
So geht noch *bʾfélʾ* befehlen.

3. Präsens: *vé:x, vī:xs, vī:x; véyʾ, vé:xt.* Imp. *vé:x.*

Anm. Im Präsensstamm sind neben den Formen mit *é* auch solche
mit *i* gebräuchlich.

　　　b. Wgerm. *ŭ — a　— ā　— ŭ*
　　　mülh. *u — u·ʾ. — u·ʾ. — u*

§ 245. Einziges Beispiel: *kumʾ* kommen.
Präsens: *kum, kyms, kymp; kumʾ, ku·m.t.* Imp. *kum.*

V. ë-Ablautsreihe.

　　a. Mit einfachem Präsensstamm.

　　Wgerm. *ë — a　— ā　— ë*
　　mülh. α) *é — u·ʾ. — u·ʾ. — é*
　　　　　β) *é — ū　— ū　— é*

§ 246. α) Paradigma: *fʾélʾ* fressen.
Präsens: *fʾél, fʾits, fʾit; fʾélʾ, fʾét.* Imp. *fʾét.*
Ebenso gehen: *élʾ* essen (Ptz. *xʾʾrétʾ*, *fʾʾʾrélʾ* ver-
gessen, *štékʾ* stechen, *métʾ* messen (das Prät. hat auch *ó*),
xévʾ geben (Imp. *xif*). Ferner gehört hierher das Prät.
des Verbum substantivum (vgl. jedoch § 170). Das Ptz.
wird schwach gebildet: *xʾvé·:s.* — Die Präterita von
sehen und geschehen haben grammatischen Wechsel: *su·ʾ.x,*
su·ʾ.yʾ; xʾšú·ʾ.x, xʾšú·ʾ.yʾ. Von letzterem ist sonst nur
noch die 3. Sg. Präs. *ʾt xʾšýt* gebräuchlich; die übrigen
Formen von ersterem siehe § 262.

§ 247. β) Einziges Beispiel: *lézʾ* lesen.
Präsens: *lé:s, lýs, lýs; lézʾ, lé:st.* Imp. *lé:s.*

b. Mit *ja*-Präsens.

Wgerm. *ĭ — a — ā — ĕ*
mülh. *i — ŭ·ạ. — ŭ·ạ. — ĕ*

§ **248.** Paradigmen: *siṭ₂* sitzen, *liγ₂* liegen.
1. Präsens: *sit, sits, sit; siṭ₂, sit.* Imp. *sit.*
Anm. *biḍ₂* ist in die schwache Flexion übergetreten.
2. Präsens: *lix, ḥạs, liạt; liγ₂, lixt.* Imp. *lix.*

VI. *a*-Ablautsreihe.

Wgerm. *a — ō — ō — a*
mülh. *α) ā — ū: — ū: — ū*
β) ā — ᶑ — ᶑ — ā
γ)   — — uŭ — uŭ — ɔu

§ **249.** *α)* Paradigmen: *xʋāʋ₂* graben, *dʋāγ₂* tragen, *ʋās₂* wachsen.
1. Präsens: *xʋā:f, xʋĕ:fs, xʋĕ:f; xʋāʋ₂, xʋā:ft.* Imp. *xʋā:f.*
2. Präsens: *dʋā:x, dʋī:xs, dʋī:x; dʋāγ₂, dʋāxt.* Imp. *dʋā:x.*
Hierher gehört der Präteritalstamm von *ślón* schlagen.
3. Präsens: *ʋās, ʋēs, ʋēs; ʋās₂, ʋāst.* Imp. *ʋās.*
Ebenso geht *ʋaś₂* (*ʋāś₂* § 146) waschen. Das zu dieser Klasse gehörige *bak₂* backen ist in die schwache Flexion übergetreten. Das Ptz. wird noch stark gebildet: *rₐbák₂.*
§ **250.** *β)* Einziges Beispiel: *fāʋ₂* fahren.
Präsens: *fāʋ, fĕʋs, fĕʋt; fāʋ₂, fāʋt.* Imp. *fāʋ.*
§ **251.** *γ)* Hierher gehören die Präterialformen von *śtón* stehen: *śtuŭnt; śtuŭn₂; xₐśtʼun₂.*

Reduplizierende Verba.

a. Wgerm. *a — ē — ē — a*
mülh. *α) a — i — i — u*
β) a — ī: — ī: — u
γ) ɔu — ī: — ī: — ɔu

§ **252.** *α)* Paradigma: *faŋ₂* fangen.
Präsens: *faŋ, feŋs, feŋk; faŋ₄, faŋ.t.* Imp. *fuŋ.*
So geht noch *haŋ₂* hangen, ferner gehören hierher die

Präteritalformen von *zôn* gehen. Von allen drei Verben kommen im Prät. auch Nebenformen mit *u* vor: *fuŋ, huŋ, xuŋ*.

§ 253. β) Einziges Beispiel: *falᶎ* fallen.
Präsens: *fal, fels, felt; falᶎ, falt.* Imp. *fal.*

§ 254. γ) Paradigma: *hɔulᶎ* halten.
Präsens: *hɔ·u.l, hɔ·y.ls, hɔ·y.lt; hɔulᶎ, hɔ·u.lt.* Imp. *hɔ·u.l.*
hôlᶎ holen bildet das Prät. meist stark: *hī:l.* Von dem hierher gehörigen *fɔulᶎ* falten ist das Prät. nicht gebräuchlich, ebensowenig von dem redupl. Verbum *hɔŋᶎ* hauen.

b. Wgerm. *ā — ē — ē — ā*
   mülh. *ó: — ī: — ĭ: — ó:*

§ 255. Paradigmen: *blô:zᶎ* blasen, *lô:tᶎ* lassen, *šlô:pᶎ* schlafen.
  1. Präsens: *blô:s, blé:s, blé:s; blô:zᶎ, blô:st.* Imp. *blô:s.*
  2. Präsens: *lô:t, lŏts, lŏt; lô:tᶎ, lô:t.* Imp. *lô:t.*
  3. Präsens: *šlô:p, šlɐps, šlɐp; šlô:pᶎ, šlô:pt.* Imp. *šlô:p.*
Anm. *vôᶎ* raten und *brôᶎ* braten sind in die schwache Flexion übergetreten.

c. Wgerm. *ō — ĕō — ĕō — ō*
   mülh. *ū: — i: — ĭ: — ū:*

§ 256. Einziges Beispiel: *ʀū:pᶎ* rufen.
Präsens: *ʀū:p, ʀyps, ʀyp; ʀū:pᶎ, ʀū:pt.* Imp. *ʀū:p.*

d. Wgerm. *aŭ — ĕō — ĕō — aŭ*
   mülh. α) *ŏu — ī: — ĭ: — ŏu*
        β) *u̇·ạ. — ī: — ĭ: — u̇·ạ.*

§ 257. α) Einziges Beispiel: *löupᶎ* laufen.
Präsens: *löup, lĕps, lĕp; löupᶎ, löupt.* Imp. *löup.*

§ 258. β) Einziges Beispiel: *štu̇·ạ.tᶎ* stossen.
Präsens: *štu̇·ạ.t, štŏts, štŏt; štu̇·ạ.tᶎ, štu̇·ọ.t.* Imp. *štu̇·ạ.t.*

Verba auf -mi.

§ 259. Das Verbum substantivum *sĭn* sein.
Präsens: *sĭn, bys, ys; sĭnt, sĭt.* Imp. *sĭn* oder *bys; sĭnt, sĭt.*

§ 260. *dūn* tun.

Präsens: *dūn, dĕis, dĕit; dunt, dut.* Imp. *dūn; dunt, dut.* Prät. *dĭ·ạ.t,* Pl. *dĭ·ạ.dạ.* Ptz. *zạdö́n.*

§ 261. *xón* gehen, *štón* stehen, *šlón* schlagen.

Präsens: *xón, xĕis, xĕit; xont, xot.* Imp. *xón; xont, xot.* Die beiden andern flektieren gerade so. Die übrigen Formen dieser Verba siehe § 249, 251 und 252.

§ 262. *sīn* sehen.

Präsens: *sīn, sğs, sğt; sint, sit.* Imp. *sīn; sint, sit.* Prät. *sŭ·a.x,* Pl. *sŭ·ạ.γạ.* Ptz. *zạsín* oder *xạsín.*

Anm, 1. Die 1. Sg. Präs. und die 2. Sg. Imp, dieser Verba erscheint im Satzzusammenhang auch mit kurzem Vokal und auch ohne *n.*

Anm. 2. Der Infinitiv und das Partizipium können Weiterbildung durch *ọ* erfahren, z. B. *dūnọ.*

Präteritopräsentia.

I. *ĭ*-Ablautsreihe: *vītạ* wissen.

§ 263. Präsens: *vĕit, vĕis, vĕit; vītạ, vit.* Prät. *vus,* Pl. *vustạ.* Ptz. stark *xạvítạ,* schwach *xạvús.*

II. *ŭ*-Ablautsreihe: *dğγạ* taugen.

§ 264. Präsens: *dö·u.x, dö·u.xs, dö·u.x; dğ:γạ, dğ:xt.* Prät. *dux,* Pl. *duxtạ.* Ptz. *xạdúx.*

III. *ĕ-ĭ*-Ablautsreihe: *kynạ* können, *dəvvạ* dürfen.

§ 265. Präsens: *kan, kas, kan; kynə, ky·n.t.* Prät. *kus,* Pl. *kustạ,* daneben auch *ku·ă.n,* Pl. *kuănạ.* Ptz. *xạkús,* auch *xạkúünt.*

§ 266. Präsens: *davf, davfs, davf; dəvvạ, dəvft.* Prät. *dūs,* Pl. *dōstạ.* Ptz. *xạdós.*

IV. *ĕ*-Ablautsreihe: *sĕlạ* sollen.

§ 267. Präsens: *sal, sas, sal; sĕlạ, sĕlt.* Prät. *sö·u.l,* Pl. *söulạ.* Ptz. *xạsóult.*

V. *ĕ*-Ablautsreihe: *mğγạ* mögen.

§ 268. Präsens: *max, maxs, max; mğγạ, mğ:xt.* Prät. *mux,* Pl. *muxtạ.* Ptz. *xạmúx.*

VI. *a*-Ablautsreihe: *mǫtą* müssen.

§ **269.** Präsens: *mul, muts, mut; mȳtą, myt.* Prät. *mus,*
Pl. *mustą.* Ptz. *xąmús.*

Das Verbum *vilą* wollen.

§ **270.** Präsens: *vil, vǒs, vil; vilą, vi'l.t.* Prät. *vǒ·u.l,*
Pl. *vǒulą.* Ptz. *xąvǒult.*

B. Schwache Verba.

§ **271.** Die schwachen Verba zerfallen in zwei
Klassen, je nachdem sie die Präteritalformen ursprünglich
mit oder ohne Bindevokal bilden.

1. Klasse.

§ **272.** Die Endungen sind:
Präsens und Imperativ wie bei den starken Verben.
Prät. Sg. 1. -*dą,* 2. -*dąns,* 3. -*dą*; Pl. -*dą*; höfl. Anrede -*dąnt.*
Infinitiv -*ą.* Partizipium -*t,* -—.

Anm. Das Prät. hat die Endung -*dą,nj* angenommen, und an diese
ist dann das -*s* der 2. Sg. und das -*t* der höfl. Anrede getreten.

§ **273.** Vor der Endung -*dą* bleibt stimmhafter Aus-
laut stimmhaft, stimmloser gewöhnlich stimmlos, wobei dann
-*dą* in -*tą* übergeht, auslautendes -*t* dagegen assimiliert sich
stets dem -*d.*

§ **274.** Paradigmen: *lēvą* leben, *kǒką* kochen, *flȫytą*
flöten.

Präsens: *lē:f, lē:fs, lē:f; lēvą, lē:ft.* Imp. *lē:f; lēvąnt*
lē:ft. Prät. *lē:vdą.* Ptz. *xąlē:f.*

Präsens: *kǒk, koks, kok; kǒką, kokt.* Imp. *kǒk; kǒkąnt,*
kokt. Prät. *koktą.* Ptz. *xąkók.*

Präsens: *flȫyt, flȫts, flȫt; flȫytą, flȫt.* Imp. *flȫyt;*
flȫytąnt, flȫt. Prät. *flȫdą.* Ptz. *xąflȫt.*

Anm. 1. Über die Verkürzungen in der 2. 3. Sg. Präs. sowie im
Prät. und Part. vgl. § 151, 4. 5.

Anm. 2. Es mögen hier die Verba auf -*ąlą,* -*ąną,* -*í:ą,* -*ąną,* -*ąą,*
-*ią,* -*ąyą* zusammengestellt werden:

bēdąlą betteln, *bąsúmąlą* betrügen, *bīząlą* fein regnen, *bǒsąlą* bürsten,
búbąlą schwätzen, *xąübąlą* grapsen, *deąyąlą* ausspielen, *dąǒ:lą* trödeln,

dʌəpɟlʒ tröpfeln, ʃʒʌmə́'bɟlʒ durchhauen, fúmɟlʒ heimlich befühlen, fúlɟlʒ falsch spielen, həunɟlʒ handeln, hḗːkɟlʒ häkeln, hübɟlʒ hobeln, hyĭmpɟlʒ humpeln, kebɟlʒ zanken, kítɟlʒ kitzeln, kníbɟlʒ kleine Stücke abbrechen, kʌabɟlʒ krabbeln, kʌempɟlʒ krempeln, mẙmɟlʒ kauen, pinzɟlʒ pinseln, pʌəkɟlʒ stochern, púdɟlʒ im Nassen wühlen, ʌabɟlʒ rappeln, ʌḗːkɟlʒ rekeln, ʌíbɟlʒ reiben, ʃíbɟlʒ flache Steine über die Oberfläche des Wassers hüpfen lassen, ʃníbɟlʒ schnitzeln, ʃnyfɟlʒ schnüffeln, ʃokɟlʒ schaukeln, ʃpʌeŋkɟlʒ sprenkeln, ʃʌaŋkɟlʒ beim Gehen die Füsse über die Erde ziehen, ʃpatɟlʒ zappeln, ʃtäpɟlʒ stapeln, ʃtípɟlʒ stützen, ʃʌätɟlʒ kreischen, ʃtʌampɟlʒ strampeln, ʃtʌűkɟlʒ straucheln, sü̆gɟlʒ saugen, ʃφímɟlʒ schwiemeln, tʌampɟlʒ trampeln, tʌumɟlʒ trommeln, zíbɟlʒ lachen.

bḗtʒʌʒ bessern, bɟlémɟrʒ betrügen, bőlʒʌʒ rollen, eínʒʌʒ ändern, ʃʒʌʌdtʒʌʒ vergrössern, ʃʌʌlütʒʌʒ verspäten, flä́ːʌʒ ausplaudern, fluŋkʒʌʒ flunkern, fli̇spʒʌʒ flüstern, fʌʌblʌtʒʌʒ verwirrt werden, hyŋʒʌʒ hungern, kafḗkʒʌʒ wild fahren, kalʋʒʌʒ Kindereien treiben, klabʌatʒʌʒ gehen, klṻmpʒʌʒ klimpern, kφätʒʌʒ weinerlich klagen, lṻstʒʌʒ horchen, lyŋkʒʌʒ lugen, őʋʒʌʒ erübrigen, plḗtʃʌʒ plätschern, ʌḗmʌtʒʌʒ sich räuspern, ʌőykʒʌʒ räuchern, plīːstʒʌʒ kalken, ʃíʋʒʌʒ den Speichel fliessen lassen, ʃlabʒʌʒ vergiessen, ʃleŋkʒʌʒ schlenkern, ʃtutʒʌʒ stottern, hú̇a.lőykʒʌʒ die Schule schwänzen, ʃüdʒʌʒ schaudern, tətʒʌʒ trinken, ʋẙŋʒʌʒ wundern.

kʌʌʌʃ́ːʌʒ freien, maʃː́ːʌʒ marschieren, paʌí́ːʌʒ gehorchen, pʌőőʃ́ːʌʒ probieren, ʌḗʒní́ːʌʒ räsonnieren u. s. w.

ʌéyʒnʒ regnen, ʌḗkʒnʒ rechnen, téixʒnʒ zeichnen, bʌéýʒnʒ begegnen. dfǘkʌʒ betrügerisch abgewinnen, bandúz̧ʒ toben, ʃtʌunʒʒ prahlen, ʃűpʒʒ stossen, fǘ́lênʒʒ faulenzen, zĺ̇tíʒ gleiten, flatíʒ antragen, flűtíʒ gleiten, ketíʒ mit einem Stein Feuer schlagen, klatíʒ klatschen, kφatíʒ quatschen, matíʒ im Dreck wühlen, maníʒ manschen.

bʒkőstʒyʒ beköstigen, bɟlʌéstʒyʒ belästigen, kyndʒyʒ kündigen, nẙ́a.-dʒyʒ nötigen, pʌədʒyʒ predigen.

2. Klasse.

§ 275. Die Endungen sind:

Präsens und Imperativ wie bei den starken Verben.

Prät. Sg. 1. -t, - —, 2. -s, 3. -t, - —; Pl. -tʒ, -dʒ. höfl.
Anrede -t, - —.

Inf. -ʒ. Ptz. -t, - —.

§ 276. Die hierhergehörigen Verben haben in den Präteritalformen sogenannten Rückumlaut. Es sind:

Infinitiv	Prät. Sg.	Prät. Pl.	Partizipium
bʌiŋʒ bringen	bʌax	bʌaxtʒ	xʒbʌáx
diŋkʒ denken	daxz	daxtʒ	ʌʒdár
dyŋkʒ dünken	dux	duxtʒ	xʒdúx
kenʒ kennen	kɔunt	kɔunʒ	xʒkʲunt

Infinitiv	Präs. Sg.	Prät. Sg.	Prät. Pl.	Partizipium
telə zählen		*tɔult*	*tɔulə*	*zətʃult*
ʃtelə stellen		*ʃtɔult*	*ʃtɔulə*	*rəʃtɔult*
setə setzen		*sat*	*satə*	*rəsát*
seyə sagen *sex, sês, sét*		*sax*	*saxtə*	*rəsáx*
leyə legen *lex, lês, lét*		*lax*	*laxtə*	*rəláx*
hevə haben *hep, hés, hét*		*hat*	*hadə*	*rəhát*
ʃydə schütten		*ʃut*	*ʃudə*	*zəʃút*
plykə pflücken		*plux*	*pluxtə*	*zəplúx*
sȳ:kə suchen		*sux*	*suxtə*	*rəsúx*
köupə kaufen		*kox*	*koxtə*	*zəkóx*
xlëyvə glauben		*xlox*	*xloxtə*	*zəxlóx*
fȳ:lə fühlen		*fult*	*fuldə*	*zəfúlt*
ʃpȳ:lə spülen		*ʃpult*	*ʃpuldə*	*zəʃpúlt*
hȳə hören		*hūat*	*hūadə*	*zəhūat*
bȳə heben		*būat*	*būadə*	*rəbūat*
bȳtə anzünden		*but*	*budə*	*rəbút.*

TEXTPROBEN.

Sprichwörter, sprichwörtliche Redensarten u. dergl.

1. *vatʒm bûʒ ni kentat foitʒ nī.*

Was der Bauer nicht kennt, das isst er nicht.

2. *ven ɔ·u.l šgʒʒm bʒanʒn, dam bʒanʒ zʒ lixtʒʒlû·ʒ..*

Wenn alte Scheunen brennen, dann brennen sie lichterloh.

3. *ʒd ys kěim pětšʒ su šeif, ʒt paz ʒn dekʒlšʒn dɔʒp.*

Es ist kein Töpfchen so schief, es passt ein Deckelchen drauf.

4. *bétʒʒ ʒn lûz im pöd ěs xāʒ kěin fłěiš.*

Besser eine Laus im Topf als gar kein Fleisch.

5. *den hěd ʒn lěvʒn ěz ʒn mûz iměldŷpʒ.*

Der hat ein Leben wie eine Maus im Mehltopf.

6. *de mag ʒ xʒsiy ěz ʒm pöt fôl děyvʒls.*

Der macht ein Gesicht wie ein Topf voll Teufel.

7. *dʒn děyvʒl dʒłd ymʒʒ öp tʒ xʒětstʒn hôupʒ.*

Der Teufel scheisst immer auf den grössten Haufen.

8. *vu dʒn děyvʒl tʒ ba·ŋ. ys selvʒʒ híndʒxôn, dö šikʒ ʒn ɔ·u.l vif.*

Wo der Teufel zu bang ist selbst hinzugehen, da schickt er ein altes Weib hin.

9. *den hět vat lŷʒn hŷʒan un věit ni, vū dʒ klokʒn haŋʒ.*

Der hat was läuten hören und weiss nicht, wo die Glocken hängen.

10. *den hŷʒd ʒt xʒas vāsʒn, un dʒ pí:ʒʒn hū:stʒn fi:n fû:dł·p uûnʒʒ děʒ ēdʒ.*

Der hört das Gras wachsen, und die Regenwürmer husten zehn Fuss tief unter der Erde.

11. *dem xěitʒ mû:l ěz ʒn éntʒfùt.*

Dem geht der Mund wie ein Entenbürzel (d. h. dem steht der Schnabel nicht still).

Maurmann, Mülheimer Mundart.

6

12. *vu lātʒ dʒn ó:mʒnt, vu netʒ dʒ xestʒ.*

Je später der Abend, je schöner die Gäste.

13. *šepkʒs xévʒn dʒepkʒs.*

Schüfchen (am Himmel) bedeuten Tröpfchen.

14. *ven dat ni xut fyʒ dʒ vóuntlỹz ys, da vĕid ʒk ni vad bétʒ ys.*

Wenn das nicht gut für die Wanzen ist, dann weiss ich nicht, was besser ist.

15. *ʒn féʒkʒsmàyʒ kan alʒs fʒʒdʒåyʒ.*

Ein Schweinemagen kann alles vertragen.

16. *špeg un šφā:t fan ĕinʒ āt.*

Speck und Schwarte von einer Art.

17. *dat sĩnt ʒinʒʒldû̀vʒ, di feŋk mʒ ni alʒ dā:x.*

Das sind Ringeltauben, die fängt man nicht alle Tage (= ein unverhoffter Glücksfall).

18. *ʒd ys ni alʒ dā:x kiʒmʒs.*

Es ist nicht alle Tage Jahrmarkt.

19. *ʒm búʒ un ʒn štĩ·ʒ.ʒ ys ĕin dĩ·ʒ.ʒ: pakstʒn an dʒ köp, tam bĩtʒ; pakstʒn an dʒ futan dʒĩtʒ.*

Ein Bauer ist wie ein Stier: fasst du ihn an den Kopf, dann beisst er; fasst du ihn an den Arsch, dann scheisst er.

20. *kĩĩnʒʒvèʒk, sáx Māsʒs, dʒ̆ hatʒ in de bukšʒ yʒdʒĩtʒ.*

Kinderwerk, sagte Mases, da hatte er in die Hose geschissen.

21. *alʒs mut mó:tʒn hevʒ, sax tʒ šnídʒʒ, dʒ̆ hatʒ sĩ vif mitʒ élʒ yʒšlåyʒ.*

Alles muss Mass haben, sagte der Schneider, da hatte er sein Weib mit der Elle geschlagen.

22. *ve selvʒʒ ė́:stʒʒʒuyʒn hēt, sal kĕinʒn ʒunʒʒʒn ŏp tʒ tĩ·ʒ.vʒn tʒʒdʒ.*

Wer selbst Hühneraugen hat, soll keinem andern auf die Zehen treten.

23. *den hé́d ʒn dĩ·ʒ.ʒ im kastʒ.*
den hĕt siy ʒm blé·ʒ.ʒkʒ yʒlŏupʒ.
den hé́d ʒn štĕ·i.nšʒn im štĩvʒl.
den hĕt vātʒʒ im kelʒʒ.

Der ist betrunken.

24. *fyr ən apəl un ɛi.* — Für einen Apfel und ein Ei (= um nichts).

25. *fyə ən vékən of sēs.*ɉ* — Vorungefähr sechs Wochen.
ən ŝtyg of fīːn. — Etwa zehn Stück.

26. *aləs vat fa Mēləm* — Alles, was von Mülheim
kymp, tat sÿp. — kommt, das trinkt.

27. *dʼə.nŝə vik ŝə, ət patŝə* — Mädchen geh weg, das
bĭt ŝə. — Pferdchen beisst dich.

28. *ik ŝnit ŝə də kēːl af,* — Ich schneide dir den Hals
ŝmit ŝə in də Žüˀə.ə un lŏtsə — ab, werfe dich in die Ruhr
dəivə. — und lasse dich treiben.

Kinderlieder.

1. *véyə véyə ŝüˀə,* — Regen, Rogenschauer,
Mēləm ŏp tə Žüˀə, — Mülheim an der Ruhr,
Kétvey ŏp tə bəiyə, — Kettwig auf der Brücke,
dánsən äl de míyə. — tanzen alle Mücken.
dat zótvĕit, dat zótvĕit, — Das Gott weiss, das Gott weiss,
dátə ŝüˀə.ə viə əʼvəəzĕit. — dass die Schauer wieder über-
         geht.

2. *méikévə tüˀə.!* — Maikäfer turre!
ikép ŝə àn də ŝnúˀə., — Ich hab dich an der Schnur,
ikép ŝə àn dat línkər bĕin, — Ich hab dich an dem linken
         Bein,
bóven in də ŝóəŝtĕin. — Oben in dem Schornstein.
méikévə tüˀə.! — Maikäfer turre!

3. *ŝnídə vitkŏp,* — Schneider Weisskopf,
sétə kápən ŏp, — Setz die Kappe auf,
blóʼs tə lʼumpən üt — Blas die Lampe aus
un zŏnŏm bét. • — und geh zu Bett.

---

*) So erklären sich auch die hochdeutschen Wendungen *ein wochener vier, ein stücker zehn.*

Rätsel.

fam bínǫ šφàt,	Von innen schwarz,
fam búțǫ šφàt,	von aussen schwarz, [schwanz.
hédǝn láŋǫ ʋátǝštàt.	hat einen langen Ratten-
ʋóďěs, vaďýstàt.	Rate mal, was ist das?
	(Pfanne.)

Martinslied.

Síntǝ Métǝ fy̌y̨ǝlšǫ̀,	Sankt Martins Vögelchen,
*hét sun ʋúat kapỹy̨ǝlšǫ̀ *),*	hat solch rot Kapützchen,
xǝflóy̨ǫ̀, xǝštóʋǫ̀	geflogen, gestoben
vāl ǒvǝ dǝ Zín,	wohl über den Rhein,
vú ďi fétǝ féʋkǝs sìnt.	wo die fetten Schweine sind.
xút fòu, xéʋd ǔs vàt,	Gute Frau, gebt uns was.
ál dǝ húnǝ léy̨ǝ vàt.	Alle Hühner legen was.
bóʋǝn in dǝ féšǫ̀	Oben in der First
háŋǝn dǝ láŋǝ véstǫ̀.	hängen die langen Würste.
xéʋd ǔs dǝ láŋǫ̀	Gebt uns die langen,
lótǝ kótǝn háŋǫ̀,	lasst die kurzen hängen,
lód ǔs nít su lá·ŋ. hí štón,	lasst uns nicht so lang hier stehn,
vìi mýtǝ noy ǝn hý´skǝ vídǝ xón	wir müssen noch ein Häuschen weiter gehn
hí fan dén nó Ésǫ̀,	von hier nach Essen,
hó´lǝn ǝn fétǝm blěsǫ̀,	holen eine fette Blesse,
hí fy̌ǝ, dó´fy̌ǝ,	hiervor, davor,
fy̌ǝ dǝ ʋíkǝ kòupmansdy̌ǝ.	vor die reiche Kaufmannstür.

híǝ vónd ein ʋéixǝ mán,	
děǝ úns vas xébǝn kán,	
fíl sól ǝ xébǫ̀n,	
láŋ sól ǝ lébǫ̀n,	
séĺix sól ǝr štěʋbǫ̀n,	
das hímǝlʋéix ǫ̀ʋéʋbǫ̀n.	

---

*) Vgl. mndd. *kapgogel* Kaputze.

də mâ̊tə lə̊p tə tɹápən ᴣʋóp,	Die Magd die läuft die Treppe hinauf,
pák vāl ín də nɥ́təsák,	fasst wohl in den Nüssesack,
pák vāl ní dᴣᴣnévᴣ̜,	fasst wohl nicht daneben,
zə vɛ́d ü̃s vál vat zɛ́vᴣ̜.	sie wird uns wohl was geben.
xíf vàt, hᴓult vàt,	Gieb was, halt was,
tɛ́yənt ǰṓ"ᴣ.ᴣ vír vàt.	zukünftiges Jahr wieder was.

Die erste Strophe der 'Zueignung' in hochdeutscher Aussprache.

t s ű̃ ɛ́ i x n u ŋ.

*dᴣ moᴣyən kā:m; ᴣs ɛ́oyxtən ᴣeinə tᴣitə
dən leizən ᵴlā:f, dᴓ mĩxᴣlind umfiŋ,
dazíx, ᴣʋáxt, ᴣuᴣ meinᴣ ᵴtilən hɥ́tə
dᴣm bᴓᴣxinᴣuf mit fᴣiᵴᴣ ᵴɛ́lᴣ xiŋ;
ĩx fᴣᴓy.tə mɥy bei einᴣm ǰɛ́dən ᵴᴣitə
dᴣ nᴣyᴣn blűme, dĩ fol tᴣopfᴣn hiŋ;
dᴣ ǰuŋᴣ tā:y ᴣᴣhóp ᵴĩx mid ᴣntsɥ́kᴣn,
und alᴣᴣ vā̃ᴣ ᴣᴣkɸĩkt, mĩx tᴣű̃ ᴣᴣkɸĩkᴣn.*

Nachträge.

§ 1. Ich möchte diesem Paragraph jetzt folgende Fassung geben:

Die im Folgenden dargestellte Mundart wird in der Stadt Mülheim a. d. Ruhr und den Landbürgermeistereien Broich, Styrum und Heissen gesprochen — also mit Ausnahme der Stadt Oberhausen, die erst im Laufe der letzten 50 Jahre entstanden und rasch emporgeblüht ist und daher hier ausser Betracht bleiben muss —, im jetzigen Kreis Mülheim a. d. Ruhr oder der ehemaligen Grafschaft Broich. Im Osten grenzt sie an die ihr am nächsten verwandte Werdener Mundart, die zusammen mit der Kettwiger Mundart das Gebiet der ehemaligen Reichsabtei Werden umfasst. Beide grenzen im Süden an das Bergische, dessen Nordgrenze also mit der Nordgrenze der Kreise Düsseldorf Land und Mettmann zusammenfällt, und im Osten an das Westfälische des ehemaligen Reichsstifts Essen. Im Westen und Nordwesten endlich schliessen sich die Mundarten von Duisburg und Ruhrort an, die im Folgenden zusammen als Clevisch bezeichnet werden mögen.

Von den genannten rheinischen Mundarten unterscheidet sich das Westfälische hauptsächlich dadurch, dass es germ. $\bar{e}$, $\bar{o}$, $\ddot{e}\ddot{o}$ zu $a\ddot{\imath}$ und $a\ddot{u}$ diphthongiert, als Pluralendung im Präsens $\jmath t$ oder $'t$ verwendet und die kurzen Vokale in offener Silbe ausser a ungedehnt lässt oder weiter östlich bricht.

Dem Clevischen ist eigentümlich die Kürzung von germ. *i* und *ŭ*, zum Teil unter Verwandlung des letzteren in *ў*.

Charakteristisch für das Bergische ist u. a. Folgendes: Das anlautende *g-* wird *j-* gesprochen; die Verbindungen *acht echt*, *ocht*, *icht*, *ucht* werden zu *eit*, *ɔut*, *ĕit*, *ŏut* diphthongiert; *ich* und *auch* sind verschoben; der Infinitiv *haben* lautet *han*.

Während Mülheim und Werden kurzen Vokal vor *nd*, *nt* diphthongieren, gutturalisiert das Bergische diese Dentalverbindungen, eine Eigentümlichkeit, an welcher auch die Stadt Kettwig teilnimmt.

Mit dem Bergischen gemein ist Mülheim und Werden einmal die Diphthongierung von kurzem Vokal vor *l* + Alveolar, dann dass die Formen für trocken, tust, tut auf *drўge*, *dais*, *dait* zurückgehen, während die andern Mundarten auf *drăuge*, *dēs*, *dēt* zurückgehende Formen aufweisen.

Wie Mülheim so diphthongiert auch das Clevische mit · Ausnahme von Duisburg den Auslaut im persönlichen Pronomen der 2. Person; dasselbe gilt für die Formen mir, mich, dir, dich, welche im Bergischen *mĕχ*, *dĕχ* lauten. Ganz isoliert steht Mülheim mit der unbetonten Form *ə̆*.

§ 58 füge hinzu *ŏlk* Iltis.

§ 78 füge hinzu *hŏ·y.t* (ahd. *houbit*) Kopf.

§ 103 Anm. bei *tsu·m* fehlt die Bedeutung Trommel.

§ 159 und 160. Der aus *a* vor *mb*, *mp*, *nd*, *nt* entstandene Diphthong wäre besser mit *āu* bezeichnet worden; denn diese Aussprache herscht noch vielfach vor, während vor *ld*, *lt* nur *ɔu* gilt. Meines Erachtens ist die lautliche Entwicklung in diesen Fällen folgende: ant, alt > ant, ɔlt > ānt, ɔlt > āunt, ɔult. Während sich nun ɔult allgemein zu ɔult weiterbildete, ist der Übergang āunt in ɔunt noch im Werden begriffen. Auch das Clevische und Westfälische behandeln *a* vor *nt* und *lt* verschieden: ant, aber olt.

§ 171 füge hinzu *hanꝫ* (ahd. *hirni*) Hirn.

Nachtrag zu § 186.

Mit Erlaubnis des Verfassers stelle ich die relative Zeitfolge der Lautveränderungen hier in der Form eines Stammbaumes dar. Die punktierten Striche bezeichnen die wahrscheinliche Zeitfolge.

Otto Bremer.

Wg. aü > ôu, wg. iü > y

Wg. ŏ vor Nasal-verbindungen > i in 'Nadel'

Wg. ŏ vor Nasal-Metathesis in 'Nadel'

Dehnung vor mb, mp, nd, nf, ns, ld, lt

Diphthongierung

-mb-, -nd-, -ld-
-mp-, -ns-, -lt-

Schwund des n vor s

Abfall des -s

Abfall des d zwischen Vokalen

Schwund des r vor Alveolaren

Schwund des -t zwischen Vokalen

Abfall des -t

Dehnung vor r + Alveolar

Dehnung in offener Silbe

Wg. u, y vor r-Verbindungen > o, ø

Metathesis des r

Wg. â > *ọ̄

Kürzung vor zt, ft

Schwund des h zwischen Vokalen: ẹ̆r > *ẹ̆, aha > *ā

Wg. ō > ǖ, wg. ē > ī

*ọ, *ø̄, *ē̆ > ü a., y̆ a., i̯ a.

ü: umgelautet > y̆:, *ō umgelautet > ä

Wg. aü < *ọ, wg. aü < *ø

Wg. ā umgelautet > *ē̆:

*ē̆: nach Hartgaumen-konsonant > *ē̆:

*ē̆: > ẹ:

Berichtigungen.

§ 14 lies *zŭzdàz*

§ 19 lies BREMER, Phonetik § 177 Anm. 2

§ 60 Anm. 1 lies *zᶻdǒ́n*

§ 60 Anm. 2 lies *saldǒ́:t, sǒ́:tᶻzdàz*

§ 61 lies *zᶻnóu, bᶻnóˑu.t*

§ 64, S. 17 unten lies *bᶻkᵡᶜ́:m*; S. 18 *ᵈtkᶻᶜ́:mᶻ*

§ 70 lies *kǒ́zᶻkǒp*

§ 74 Anm. 1 lies *aptî̗ˑa̯.kᶻ, kamî̗ˑa̯.l, unyᶻfî̗ᶻ.ᶻ, ᶴᵡî̗ˑa̯.yᶻᶴfādᶻᶻ, ᶴᵡî̗ˑa̯.yᶻᶻmŭdᶻᶻ*

§ 82 lies *bᶻdᶻî̗:yᶻ, fᶻᶻñ̗:zᶻ*

§ 83 lies *bᶻdŷ̈́ᶻ*

§ 84, S. 23 lies *zᶻdǒ́n, fᶻᶻáftᶻz*; S. 24 lies *Kátᶻn:ᶦ*

§ 91 lies *hásᶻnŭ̀t, kǒ́zᶻkǒp*

§ 92 Anm. lies *knî́tᶻ́ᶴvᶻᶻ*

§ 94 lies *fî̗a̯tìn*

§ 106 Anm. 1 lies *plᶜ́ᶻmᶴs*

§ 107 lies *ǒlñᶴǒtᶴf*

§ 109 lies *fasᶻlǒ́:mᶻnt*

§ 110 lies *zᶻᶴámp*

§ 111 lies *tᵡúzdᶻᶴᶴvᶻᶻ*

§ 113, 1 lies *zŭzdàz, fᶻᶻlᶦᶻ*

§ 113 Anm. 1 lies *klᶜ́idᶻᶻkàstᶻ*

§ 114, 3 lies *zᶻᵛéndᶻ*

§ 116 lies *saldǒ́:t, hásᶻnŭ̀t*

§ 117, 1 lies *fᶻᶻñ̗:zᶻ, kìzᶻlìtᶴin*

§ 135 lies *zŭzdàz*

§ 139 Anm. lies *pátᶻfᶴᶴiᶴ, pátᶻkàˑᶻ., pàtᶻzlýk*

§ 147 lies *bᶻdŷ̈́ᶻᶻ, bᶻᶴtᶻᶻᶻ*

§ 150 unten lies *fᶻᶻblᶴtᶻᶻt*

§ 151, S. 39 lies *tᶻzŭks, zᶻᶴpúks*

§ 151, 4 und 5 lies *bᶻtᶴálᶻᶻ, bᶻtáll, zᶻbát, zᶻfᶴǒ́t, zᶻdᶴǒ́p, bᶻtáldᶻ bᶻtáll, zᶻvúnt*

§ 160, S. 43 lies *fᶻᶴtóunt, zᶻᶴtóunᶻ, óultᵛᶴᶴᶴᶻᶻ, zᶻᶴtóult*

§ 160 Anm. 2 lies § 164 Anm. 1

§ 161 lies *fᶻᶴtᶴéinᶻz*

§ 162 lies *zᶻvóylᶻz*

§ 164 statt § 175 lies § 174

§ 164 Anm. 1 lies *dñ́zdàz*

§ 167 lies *bᶻᶴúúnᶻs, zᶻᶴúúnt, zᶻdúült*

§ 168 lies *ýÿnᶻᶴòùkᶴᶻᶻ, ýÿnᶻᶻᶴjàkᶻᶻ, zᶻdýÿlᶻz*

§ 174, S. 46 lies *hiŋkǫmàn, zǫvénǫ, zǫcéndǫ*

§ 186, S. 50. 5 lies *béden*; (3)1—5 d lies *bündel*; 6 lies *blýᵍ.t*; S 51, (3)1—5 d lies *zᴊu.ɛ* ohne Sternchen

§ 188 lies *kýmplǫᴊfùn*

§ 190 lies *édᴧpǝl, kôbuʃbíǫ, ᴧógûtᴧékǫ*

§ 193 lies *venýstàt, rekýmptő, dastόxvő᷈ǫ.ᴊ*

§ 194 lies *datvílzǫnidún*

§ 198 lies *dé kàᵭtᴧéyǫ*

§ 199 lies *ik sú ᵭǫ hélpǫ, dat sá val ʃ̃n, ík vi ᵭǫ 's vàt séyǫ*

§ 205 b lies *saldő:t*

§ 221 Anm. 3 lies *suf᷂δ·l.stǫ*

§ 222 Anm. 3 lies *dadýᴧǫᴊᴧinǫ*

§ 226 Anm. 2 lies *vátfànǫ, vàtfàn, vátfàn*

§ 242 lies *iᴊ·i.lt* statt *iᴊilt*

S. 75 Zeile 1 lies ᴊ*a-*

§ 249, Zeile 2 lies *vüsǫ*

S 84, letzte Zeile lies *ᴫᴧᴧbᴧ̣n*

Ich will nicht unterlassen, dem Herausgeber dieser Sammlung Herrn Dr. Otto Bremer für mannigfache Förderung und Hülfe an dieser Stelle meinen Dank auszusprechen.

Marburg, im Oktober 1897.

Emil Maurmann.